中等职业教育·道路运输类专业教材
中高职贯通培养·校企"双元"合作新形态一体化教材

公路建设法律法规

陈晓裕 主　编
戴相霞　罗　桥　杨万林 副主编
周恩勇　罗　筠 主　审

人民交通出版社股份有限公司
北　京

内 容 提 要

本教材为中等职业教育·道路运输类专业教材,中高职贯通培养·校企"双元"合作新形态一体化教材。本教材根据国家最新颁布实施的公路工程建设法律法规方面的政策文件、标准规范等进行编写,内容包括:公路建设法律法规基本知识、公路建设招投标法律法规、公路勘察设计中的法律法规、公路建设施工法律法规、公路建设监理法律法规。

本教材可以作为中等职业学校道路与桥梁工程施工、公路养护与管理、市政工程等专业教材,也可以作为相关企业岗位培训及技术人员学习参考用书。

为便于教师教学和学生自学,教材中以二维码形式配套了习题资源和案例动画。同时本教材配有课件,供教师教学时参考,教师可通过加入"职教路桥教学研讨群"(QQ:561416324)获取。

图书在版编目(CIP)数据

公路建设法律法规/陈晓裕主编. — 北京:人民交通出版社股份有限公司,2024.2
ISBN 978-7-114-19160-2

Ⅰ.①公… Ⅱ.①陈… Ⅲ.①道路工程—施工管理—法规—汇编—中国—教材 Ⅳ.①D922.296.9

中国国家版本馆 CIP 数据核字(2023)第 230822 号

中等职业教育·道路运输类专业教材
中高职贯通培养·校企"双元"合作新形态一体化教材

书　　名:	公路建设法律法规
著 作 者:	陈晓裕
责任编辑:	李　瑞
责任校对:	赵媛媛
责任印制:	刘高彤
出版发行:	人民交通出版社股份有限公司
地　　址:	(100011)北京市朝阳区安定门外外馆斜街 3 号
网　　址:	http://www.ccpcl.com.cn
销售电话:	(010)59757973
总 经 销:	人民交通出版社股份有限公司发行部
经　　销:	各地新华书店
印　　刷:	北京印匠彩色印刷有限公司
开　　本:	880×1230　1/16
印　　张:	10
字　　数:	225 千
版　　次:	2024 年 2 月　第 1 版
印　　次:	2024 年 2 月　第 1 次印刷
书　　号:	ISBN 978-7-114-19160-2
定　　价:	40.00 元

(有印刷、装订质量问题的图书,由本公司负责调换)

前言

2021年10月,中共中央办公厅、国务院办公厅印发《关于推动现代职业教育高质量发展的意见》指出:职业教育是国民教育体系和人力资源开发的重要组成部分,肩负着培养多样化人才、传承技术技能、促进就业创业的重要职责。

在推进高等职业教育"双高计划"的背景下,为加强长学制专业相应课程教材建设,同时在课题"促进贵州中高职教育有效衔接的关键课程与教学模式研究"的研究成果基础上,本系列教材按照党中央、国务院关于教材建设的决策部署和《国家职业教育改革实施方案》《职业院校教材管理办法》等文件的相关要求,推进习近平新时代中国特色社会主义思想进教材进课堂进头脑,巩固马克思主义在意识形态领域的指导地位;坚持产教融合、校企合作,推动形成产教良性互动、校企优势互补的发展格局;根据中职土木类(包括道路与桥梁工程施工、建筑工程施工)专业教学标准和国家、行业标准,校企共同遴选真实工程典型案例,按照公路建设顺序,提炼职业岗位核心能力,设计工作任务,强化对学生的知识运用能力和综合职业素质的培养。本书的主要特色如下:

1. 坚持立德树人根本和社会主义核心价值观导向

坚持以习近平新时代中国特色社会主义思想引领中职教材建设,提升教材的思想性、科学性、时代性,并有机融入课程思政元素,落实立德树人根本任务。以素质教育为基础、以职业能力为本位,通过真实案例让学生了解职业、热爱职业,建立良好的职业道德和职业意识,培育和践行社会主义核心价值观。

2. 遵循专业教学标准和课程标准,聚焦课程核心素养

本书依据高职"双高"计划——中高职贯通培养项目制定的《公路建设法律法规课程标准》(中职),以中职主要学习公路建设各阶段的法律法规知识(高职主要学习公路

建设各阶段法律法规的应用)的核心素养为主线,配以学习质量评价标准。同时结合本课程的基础性、应用性和职业性等特点,通过典型"工程案例"和"技能训练-知识测评-目标测评"三个层次的循序渐进练习,训练学习者的能力,重点是公路建设各阶段的法律法规知识掌握的核心素养,使核心素养和职业素养落地生根。

3.坚持以学生为中心,突出职教特色

本书注重遵循职业教育教学规律和中职学生的身心发展规律。按照"学习目标-任务描述-理论知识-任务实施(工程案例)-技能训练-知识测评-目标测评"的方式进行编写,并配以典型工程案例分析。针对中职阶段的学习划分公路建设法律法规基本知识、公路建设招标投标法律法规、公路勘察设计中的法律法规、公路建设施工法律法规、公路建设监理法律法规5个模块,每个模块下设若干任务;采用图文表并茂的方式,直观易学,生动而系统地介绍了公路建设各阶段法律法规的相关内容。

4.深化校企双元合作,共同开发新形态一体化教材

加强产教融合、校企合作,以真实公路建设阶段为模块、典型工作任务为载体,构建教材顺序和内容;注重纳入现行法律法规,培养学习者的规范意识和行为。推进信息技术与教学有机融合,系统开发多类型数字化辅助课程资源,解决重点难点问题。

本书是由贵州交通技师学院与贵州高速公路集团有限公司相关人员共同编写的校企合作教材,书中案例由贵州高速公路集团有限公司提供。由贵州交通职业技术学院陈晓裕担任主编,贵州富鑫控股(集团)有限公司研究员周恩勇、贵州交通技师学院罗筠教授担任主审,贵州交通技师学院戴相霞、上海锦天城律师事务所罗桥、贵州高速公路集团有限公司杨万林担任副主编,参编人员为贵州交通技师学院李璐、毛卓麟、山东水利职业学院李燕飞、安徽交通职业技术学院叶生,具体编写分工见下表。

教材编写分工

模块	单元任务	编写人员及单位
模块一 公路建设法律法规 基本知识	任务1 公路建设法律法规认知 任务2 公路建设法律法规关系主体认知 任务3 公路建设程序认知	贵州交通技师学院 李 璐 海锦天城律师事务所 罗 桥
模块二 公路建设招投标 法律法规	任务1 公路建设项目招标 任务2 公路建设项目投标 任务3 开标、评标与中标	贵州交通技师学院 戴相霞 山东水利职业学院 李燕飞

续上表

模块	单元任务	编写人员及单位
模块三 公路勘察设计中的 法律法规	任务1　公路勘察设计任务分配及相关标准规范 任务2　公路勘察设计合同	贵州交通职业技术学院　陈晓裕 贵州高速公路集团有限公司　杨万林 安徽交通职业技术学院　叶　生
模块四 公路建设施工 法律法规	任务1　公路工程施工认知 任务2　公路施工法律法规认知 任务3　施工单位的权利、义务与责任认知	
模块五 公路建设监理 法律法规	任务1　公路建设监理认知 任务2　公路监理法律法规认知 任务3　公路建设监理单位的权利、义务与责任认知	贵州交通技师学院　戴相霞 贵州交通职业技术学院　陈晓裕

由于编者水平有限，书中不妥之处在所难免，真诚地欢迎广大读者多提宝贵意见。

编者
2023年5月

本书资源列表

序号	教材内容	资源名称		资源类型
1	资质管理案例	任务描述	17	动画
		任务实施	30	
2	工程项目招标	任务描述	46	
		任务实施	55	
3	工程项目投标	任务描述	58	
		任务实施	62	
4	工程开标、评标与中标	任务描述	65	
		任务实施	71	
5	工程设计分配	任务描述	78	
		任务实施	85	
6	工程设计合同	任务描述	88	
		任务实施	92	
7	工程施工认知	任务描述	97	
		任务实施	109	
8	工程施工法律法规认知	任务描述	111	
		任务实施	114	
9	监理权利、义务与责任认知	任务描述	115	
		任务实施	118	
10	监理法律法规认知	任务描述	124	
		任务实施	127	

资源使用说明：

1.扫描封面二维码(注意每个码只可激活一次)；

2.关注"交通教育出版"微信公众号；

3.公众号弹出"购买成功"通知,点击"查看详情",进入后即可查看资源；

4.也可进入"交通教育出版"微信公众号,点击下方菜单"用户服务-开始学习",选择已绑定的教材进行观看。

目录

模块一　公路建设法律法规基本知识 ··· 1
　　任务 1　公路建设法律法规认知 ··· 2
　　任务 2　公路建设法律法规关系主体认知 ··· 17
　　任务 3　公路建设程序认知 ··· 33
　　知识巩固 ·· 43
　　目标测评 ·· 44

模块二　公路建设招投标法律法规 ··· 45
　　任务 1　公路建设项目招标 ··· 46
　　任务 2　公路建设项目投标 ··· 57
　　任务 3　开标、评标与中标 ··· 65
　　知识巩固 ·· 74
　　目标测评 ·· 75

模块三　公路勘察设计中的法律法规 ··· 76
　　任务 1　公路勘察设计任务分配及相关标准规范 ································· 78
　　任务 2　公路勘察设计合同 ··· 88
　　知识巩固 ·· 94
　　目标测评 ·· 95

模块四　公路建设施工法律法规 ··· 96
　　任务 1　公路工程施工认知 ··· 97
　　任务 2　公路施工法律法规认知 ·· 111
　　任务 3　施工单位的权利、义务与责任认知 ······································ 115

| 知识巩固 | 120 |
| 目标测评 | 121 |

模块五　公路建设监理法律法规 ················· 122

任务 1　公路建设监理认知	123
任务 2　公路监理法律法规认知	131
任务 3　公路建设监理单位的权利、义务与责任认知	138
知识巩固	149
目标测评	150

参考文献 ················· 151

模块一　公路建设法律法规基本知识

公路建设法律法规是公路工程项目合法建设的依据,它通过规范公路工程建设行为,确保公路工程建设行为的合法性,同时对违法建设行为进行管理,维护公路建设市场的正常秩序。公路工程建设过程中涉及的法律法规有很多,主要有:公路行业专用法律《中华人民共和国公路法》;公路建设过程中必须遵循的法律法规《中华人民共和国安全生产法》《中华人民共和国水土保持法》《中华人民共和国环境保护法》《中华人民共和国招标投标法》《中华人民共和国城乡规划法》《中华人民共和国政府采购法》《中华人民共和国土地管理法》《中华人民共和国民法典》《中华人民共和国行政处罚法》等,如图1-0-1所示。

图1-0-1　公路工程建设涉及的法律法规

本模块主要通过介绍我国公路建设法律法规、公路建设法律法规关系主体、公路建设程序等内容让学习者了解并认知我国现行的公路建设法律法规体系,引导学习者树立公路工程建设的法律法规意识,规范公路建设行为。

学习目标

知识目标	1. 了解公路行业专用与建设法律法规。 2. 掌握公路建设关系主体。 3. 熟悉公路建设程序
能力目标	1. 能在公路建设各阶段选择适用的法律法规及标准、规范。 2. 能根据公路建设关系主体及其相关要求选择合适的参与方。 3. 能根据公路建设程序判断公路建设中违反建设程序的违规行为

任务 1　公路建设法律法规认知

思维导图

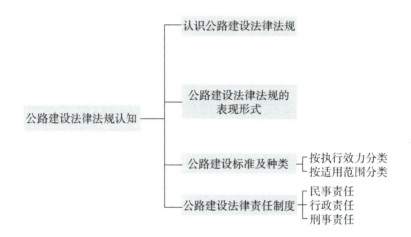

任务描述

某村建电子加工厂由村委会与出生于本村的外籍华人张某共同出资创办,且张某占股51%。为了工厂的长期发展,工厂决定出资对进厂道路进行扩建。

工厂通过本市公共资源交易中心公开招标,某路桥公司中标,按相关法律法规及招投标文件签订了该进厂公路的施工合同,合同价为1.5亿元,工期为1年。

该路桥公司按合同约定进场后,张某提出,该厂为中外合资企业,要求采用FIDIC(菲迪克)条款进行管理,然后工厂与该路桥公司重新签订施工合同,约定合同价为1.45亿,工期10个月。

工程竣工结算时,路桥公司要求用原合同进行结算,而工厂要求用第二份合同进行结算,双方在两份合同的使用上未达成一致意见,产生纠纷。

问题:在本案例中,应以哪一份合同为最终结算依据?

任务分析

1. 找出本案例适用的法律法规。
2. 在适用的法律法规中确定本案例所适用的条款。
3. 对本案例所提问题进行分析,得出结论。

理论知识

一、认识公路建设法律法规

1. 公路建设法律法规

公路建设法律法规泛指国家立法机关制定的调整各种公路建设法律关系的法律规范。

2. 公路建设法律法规的调整对象

公路建设法律法规的调整对象指在公路建设进程中所发生的各种社会关系。它包括在公路建设中所发生的行政管理关系和民事关系。

3. 公路建设法律法规特性

公路建设法律法规具有法律的一般性(权威性、普遍性、规范性、强制性),但同时作为建设法它又具有一定的特殊性(综合性和技术性)详见表1-1-1。

公路建设法律法规特性 表1-1-1

特性	泛指	具体特性
法律的一般性	从事建设活动应当遵守法律、法规,不得损害社会公共利益和他人的合法权益,合法权益受到保护	权威性、普遍性、规范性、强制性
建设的特殊性	公路建设活动应当确保建设工程质量与安全,应当符合相应的工程建设标准	综合性和技术性

4. 公路建设行政管理关系

公路建设涉及国民经济的众多层面和领域,国家必须对其进行全面的、严格的管理。当国家及行政部门对公路建设进行管理时,就会使相应的建设单位、施工单位、勘察设计单位、监理单位、试验检测单位、建筑材料供应商、设施设备生产供应商等单位产生管理与被管理的关系。

小贴士

在实际生活中,公路建设行政管理关系由相应的公路建设法律法规来规范和调整。

5. 公路建设民事关系

在公路建设活动中,会使相关从业人员和人民群众的人身与财产安全受到一定程度的影响,由此产生的法人与自然人之间的民事权利与义务管理,应该由公路建设法律法规中的有关规定,或者相应的民法来予以规范和调整。

二、公路建设法律法规的表现形式

公路建设法律法规体系是指把已经制定的和需要制定的公路工程建设方面的法律、行政法规、部门规章、地方性法规、地方性规章及国际公约、国际惯例有机地结合起来,形成的一个相互联系、相互补充、相互协调的完整统一的体系。

公路建设法律法规的表现形式及典型法律法规对应关系,如图 1-1-1 所示。

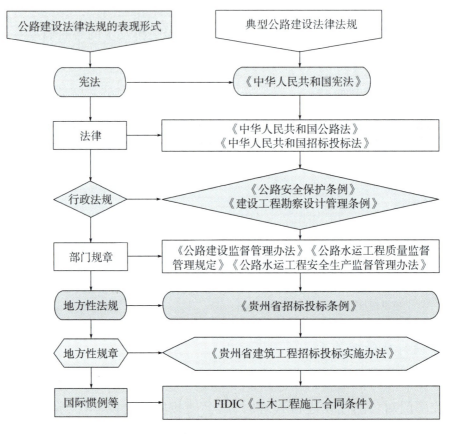

图 1-1-1　公路建设法律法规表现形式及其典型法律法规对应关系

1. 宪法

宪法是国家的根本法,具有最高的法律效力。一切法律、行政法规和地方性法规都不得同宪法相抵触。宪法明确规定了国家的根本制度和根本任务。

2. 法律

法律由全国人民代表大会和全国人民代表大会常务委员会制定,全国人民代表大会签订的法律由国家主席签署主席令予以公布,名称使用"法",它们是公路建设法律法规体系的核心和基础,其效力仅次于宪法。

【例如】《中华人民共和国土地管理法》《中华人民共和国环境保护法》。

3. 行政法规

行政法规由国务院制定,它是仅次于法律的重要立法层次。

名称使用"条例""规定""办法""细则"等。

【例如】《建设工程质量管理条例》《工程建设项目招标范围和规模标准规定》《国家重大建设项目稽察办法》。

4. 部门规章

公路建设相关部门规章由交通运输部单独制定或国务院其他部门联合制定颁布,在其管理权限内适用;名称使用"规定""办法""实施细则",不能使用"条例"。它是对"法"和"条例"的具体补充或具体规定。

【例如】《实施工程建设强制性标准监督规定》《公路水路行业安全生产信用管理办法》《公路工程竣(交)工验收办法实施细则》。

5. 地方性法规

地方性法规由省、自治区、直辖市人民代表大会及其常务委员会制定颁布,在其管辖区内适用,名称使用"条例"。

【例如】《贵州省建筑市场管理条例》。

6. 地方性规章

地方性规章由省、自治区、直辖市人民政府制定颁布,在其管辖范围内适用。名称使用"规定""办法""实施细则",不能使用"条例"。

【例如】《贵州省建设工程项目管理暂行办法》。

7. 国际公约、国际惯例、国际标准

我国参加或与外国签订的调整经济关系的国际公约和双边条约,还有国际惯例、国际上通用的公路工程建设技术规程都属于公路建设法律法规范畴,都应当遵守与实施。

【例如】FIDIC《土木工程施工合同条件》。

在我国法律体系中未对国际公约、国际惯例、国际标准的法律效力作明确规定,只有部分法律对其效力作了规定,因此在使用时要根据具体情况进行判别。

三、公路建设标准及种类

工程建设标准作为工程建设重要的技术基础和保障,同时也是相关法律法规的重要技术支撑。不同类型的建设标准,其法律效力亦有不同。公路建设标准的种类可以从执行效力、适用范围两个方面进行划分,如图1-1-2所示。

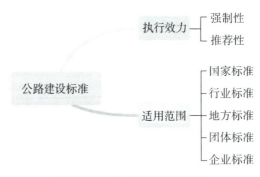

图1-1-2 公路建设标准分类

(一)按执行效力分类

按执行效力公路建设标准可分为强制性标准和推荐性标准。

1. 强制性标准

强制性标准是国家通过法律的形式明确要求对于一些标准所规定的技术内容和要求必须执行,不允许以任何理由或方式加以违反、变更,这样的标准称之为强制性标准。代号为"GB"("GB"为"国标"汉语拼音的第一个字母)。

【例如】《道路交通信号灯》(GB 14887—2011),如图1-1-3所示。

【特别注意】

对违反强制性标准的,国家将依法追究当事人法律责任。

2. 推荐性标准

推荐性标准是指国家鼓励自愿采用的具有指导作用而又不宜强制执行的标准,即标准所规定的技术内容和要求具有普遍的指导作用,允许使用单位结合自己的实际情况,灵活加以选用。推

图1-1-3 国家强制性标准示例

荐性国家标准代号为"GB/T"("T"为"推"汉语拼音的第一个字母),例如:《道路交通信号灯 200mm 圆形信号灯的光度特性》(GB/T 20149—2006),如图1-1-4所示;交通公路行业推荐性标准代号为"JTG/T"字样,例如:《公路桥涵施工技术规范》(JTG/T 3650—2020),如图1-1-5所示。

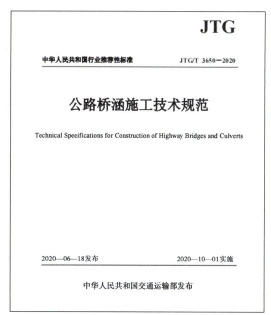

图 1-1-4　国家推荐性标准示例　　　　图 1-1-5　交通行业推荐性标准示例

【特别注意】

①对于强制性标准,国家要求"必须执行";

②对于推荐性标准,国家"鼓励企业自愿采用"。

(二)按适用范围分类

按适用范围公路建设标准可分为国家标准、行业标准、地方标准、团体标准和企业标准,如图 1-1-6 所示。

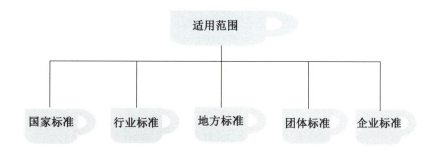

图 1-1-6　公路建设标准按适用范围分类

1. 国家标准

国务院有关行政主管部门依据职责负责强制性国家标准的项目提出、组织起草、征求意见和技术审查,国务院标准化行政主管部门负责强制性国家标准的立项、编号和对外通报,最后由国务院批准发布或者授权批准发布。推荐性国家标准由国务院标准化行政主管部门制定。国家标准在全国范围内适用,其他标准不得与国家标准相抵触。国家标准代号为"GB"或"GB/T",如图1-1-7所示。

2.行业标准

行业标准由国务院有关行政主管部门制定,报国务院标准化行政主管部门备案。表1-1-2所列为常见国家行业标准,其代号为该行业简称,比如交通行业标准代号为"JT"和"JTG",如图1-1-8所示。

图1-1-7 国家标准示例

图1-1-8 交通行业标准示例

常见国家行业标准　　　　表1-1-2

行业标准	代号	制定部门
交通行业标准	JT/JTG	交通运输部
化工行业标准	HG	工业和信息化部、国家能源局
石油化工行业标准	SH	工业和信息化部、国家能源局
建材行业标准	JC	工业和信息化部

注:行业标准在全国某个行业范围内适用,例如:交通行业标准在交通行业范围内适用

3.地方标准

地方标准是指在某个省、自治区、直辖市范围内需要统一的标准,代号为"DB"("DB"为"地标"汉语拼音的第一个字母),如图1-1-9所示

【特别注意】

《中华人民共和国标准化法》第十三条规定:

为满足地方自然条件、风俗习惯等特殊技术要求,可以制定地方标准。

地方标准由省、自治区、直辖市人民政府标准化行政主管部门制定;设区的市级人民政府标准化行政主管部门根据本行政区域的特殊需要,经所在地省、自治区、直辖市人民政府标准化行政主管部门批准,可以制定本行政区域的地方标准。地方标准由省、自治区、直辖市人民政府标准化行政主管部门报国务院标准化行政主管部门备案,由国务院标准化行政主管部门通报国务院有关行政主管部门。

4. 团体标准

团体标准是依法成立的社会团体(学会、协会、商会、联合会、产业技术联盟等)为满足市场和创新需要,协调相关市场主体共同制定的标准,由本团体成员约定采用或按照本团体的规定供社会自愿采用,代号为"T/",如图1-1-10所示。

5. 企业标准

企业可以根据需要自行制定企业标准,或者与其他企业联合制定企业标准。代号为QB,如图1-1-11所示。

图1-1-9 地方标准示例

图1-1-10 团体标准示例

图1-1-11 企业标准示例

推荐性国家标准、行业标准、地方标准、团体标准、企业标准的技术要求不得低于强制性国家标准的相关技术要求。国家鼓励社会团体、企业制定高于推荐性国家标准相关技术要求的团体标准、企业标准。

四、公路建设法律责任制度

(一)民事责任

民事责任是对民事法律责任的简称,是指民事主体在民事活动中,因实施了民事违法行为,根据民法典所承担的对其不利的民事法律后果或者基于法律特别规定而应承担的民事法律责任。

民事责任发生的前提是民事主体违反了民事义务,民事义务包括法定义务和约定义务,也包括积极义务和消极义务、作为义务和不作为义务。

1. 违约责任

(1)违约责任及归责原则

违约责任是合同当事人违反合同规定的民事责任,也就是合同当事人因违反合同义务所承担的责任。

在公路建设关系中的违约责任主要指投资者依据《中华人民共和国招标投标法》《中华人民共和国民法典》第三编第二分编第十八章的有关规定,与施工单位、勘察设计单位、咨询单位和监理咨询单位所建立的合同关系中,违约方所承担的民事法律责任。违约责任是基于当事人的合同约定而产生。

《中华人民共和国民法典》第五百七十七条规定:"当事人一方不履行合同义务或者履行合同义务不符合约定的,应当承担继续履行、采取补救措施或者赔偿损失等违约责任"。因此在归责原则上,《中华人民共和国民法典》确立了严格的责任原则,不论违约方主观上是否有过错,只要违约就需要承担责任。但违约责任也存在免责的情况,例如世界各国均将不可抗力作为免责的条件,我国也不例外。

《中华人民共和国民法典》第五百九十条规定了不可抗力免责条款:"当事人一方因不可抗力不能履行合同的,根据不可抗力的影响,部分或者全部免除责任,但是法律另有规定的除外。因不可抗力不能履行合同的,应当及时通知对方,以减轻可能给对方造成的损失,并应当在合理期限内提供证明。当事人延迟履行后发生不可抗力的,不免除其违约责任"。

中华人民共和国民法典

《中华人民共和国民法典》被称为"社会生活的百科全书"。2020年5月28日,第十三届全国人民代表大会三次会议表决通过,自2021年1月1日起施行。民法总则、婚姻法、继承法、民法通则、收养法、担保法、合同法、物权法、侵权责任法同时废止。

---

(2)违约责任的责任形式

违约责任是违反合同的民事责任的简称,是指当事人一方不履行合同义务或者履行合同义务不符合合同约定的所应承担的民事责任。主要包括:违约金、赔偿损失、继续履行和瑕疵履行补救措施。

①违约金。违约金是指合同的一方当事人不履行或不适当履行合同时,按照合同的

约定,为其违约行为支付的一定数额的金钱。

根据《中华人民共和国民法典》第五百八十五条规定:"当事人可以约定一方违约时应当根据违约情况向对方支付一定数额的违约金,也可以约定因违约产生的损失赔偿额的计算方法。约定的违约金低于造成的损失的,人民法院或者仲裁机构可以根据当事人的请求予以增加;约定的违约金过分高于造成的损失的,人民法院或者仲裁机构可以根据当事人的请求予以适当减少。当事人就迟延履行约定违约金的,违约方支付违约金后,还应当履行债务。"

②赔偿损失。赔偿损失是指违约方以支付金钱的方式弥补受害方因违约行为所造成的财产或者利益减少的一种责任形式。

根据《中华人民共和国民法典》第五百八十四条规定:"当事人一方不履行合同义务或者履行合同义务不符合约定,造成对方损失的,损失赔偿额应相当于因违约所造成的损失,包括合同履行后可以获得的利益;但是,不得超过违约一方订立合同时预见到或者应当预见到的因违约可能造成的损失"。

③继续履行。也称强制实际履行,是指违约方根据对方当事人的请求继续履行合同规定的义务的违约责任形式。

《中华人民共和国民法典》第五百八十条规定:"当事人一方不履行非金钱债务或者履行非金钱债务不符合约定的,对方可以请求履行,但是有下列情形之一的除外:

(一)法律上或者事实上不能履行;

(二)债务的标的不适于强制履行或者履行费用过高;

(三)债权人在合理期限内未请求履行。

有前款规定的除外情形之一,致使不能实现合同目的的,人民法院或者仲裁机构可以根据当事人的请求终止合同权利义务关系,但是不影响违约责任的承担"。

④瑕疵履行补救措施。《中华人民共和国民法典》第五百八十二条规定履行不符合约定的,应当按照当事人的约定承担违约责任。对违约责任没有约定或者约定不明确,依据本法第五百一十条的规定仍不能确定的,受损害方根据标的的性质以及损失的大小,可以合理选择请求对方承担修理、重作、更换、退货、减少价款或者报酬等违约责任。

2. 侵权责任

(1)侵权责任

侵权责任一般是指民事主体因实施侵权行为而应当承担的民事法律后果,侵权责任是民事责任的一种,但它和违约责任却有着明显区别。

①侵权责任违反的是法定义务,即法律规定民事主体必须做或者应当做的事情而当事人没有做,或当事人做了法律明确规定禁止民事主体禁止做的行为,明确触犯了法律强

制性的条款,同时也侵害了另一方合法的民事权利。

②侵权责任是行为人实施侵权行为的必然法律后果,而侵权行为是侵权责任的事实依据。

③侵权责任的承担形式不限于财产责任,也包括非财产责任。

④侵权责任具有法定性,侵权责任的构成要件、归责原则、责任方式、赔偿金额等都是由法律直接规定,而违约责任中双方可以通过合同进行约定。

在公路工程建设关系中,公路的建设者应尊重国家、集体和他人的人身、财产等合法权益,同时富有责任感。如果是在非合同关系中发生相关的侵权行为,致使被侵权人的相关权益受到损害,行为人应当承担侵权责任。

(2)民事侵权责任的归责原则

《中华人民共和国民法典》第一千一百六十五条规定:"行为人因过错侵害他人民事权益造成损害的,应当承担侵权责任。依照法律规定推定行为人有过错,其不能证明自己没有过错的,应当承担侵权责任"。

由此可见,一般情况下,民事侵权责任在归责上采用的是过错责任原则,即行为人在主观上有过错,则承担责任,无过错则不承担责任。

特殊情况下,侵权责任可适用无过错原则,即法律规定即使行为人没有过错也要承担民事赔偿责任的,行为人就必须要承担民事侵权责任。

【例如】《中华人民共和国民法典》第一千二百三十六条规定:"从事高度危险作业造成他人损害的,应当承担侵权责任"。即从事高放射性、易燃、易爆、强腐蚀性或高速运输等高危作业的施工人员给他人造成损害的,由施工人员承担赔偿责任。

(3)一般侵权责任的构成条件

①发生侵权行为。行为人实施了侵害他人民事权利的行为;

②存在损害的事实。被侵权人的权益受到损害;

③侵权行为和损害事实之前存在因果关系;

④行为人主观上存在过错。

必须同时具备以上四个条件才能构成一般侵权责任,缺一不可。

(4)侵权责任的承担方式

侵权责任的承担方式是指侵权行为人承担侵权责任的方式。侵权行为的后果导致受害人在人身权益或财产权益方面受到损害,由于损害的多样化,责任的承担方式也有所不同,根据《中华人民共和国民法典》第一百七十九条的规定,侵权责任承担方式主要有:停止侵害;排除妨碍;消除危险;返还财产;恢复原状;赔偿损失;消除影响、恢复名誉;赔礼道歉;修理、重作、更换;继续履行;支付违约金。

(二)行政责任

1. 行政责任的特点

行政责任是指相关主体因违反行政法律规范而依法必须承担的法律责任,它是行政违法(部分是行政不当)所引起的法律后果。

2. 行政责任的种类

按承担责任的主体不同可分为三种:

(1)行政相对人承担的行政责任,主要为强制性行政责任。

【例如】执行罚款或行政拘留。

(2)行政机关承担的行政责任,主要为补偿性行政责任。

【例如】赔礼道歉、恢复名誉、撤销违法、行政赔偿等。

(3)公务员的行政责任,主要为惩罚性行政责任。

【例如】通报批评、行政处分、行政处罚等。

中华人民共和国行政处罚法

1996年3月17日第八届全国人民代表大会第四次会议通过。根据2009年8月27日第十一届全国人民代表大会常务委员会第十次会议《关于修改部分法律的决定》第一次修正;根据2017年9月1日第十二届全国人民代表大会常务委员会第二十九次会议《关于修改〈中华人民共和国法官法〉等八部法律的决定》第二次修正;2021年1月22日第十三届全国人民代表大会常务委员会第二十五次会议修订。

(三)刑事责任

1. 刑事责任的概念

刑事责任是指犯罪人因实施犯罪行为而应当承担的国家司法机关依照刑事法律对其犯罪行为及本人所作的否定评价和谴责。

《中华人民共和国刑法》(以下简称《刑法》)第十三条规定:"一切危害国家主权、领土完整和安全,分裂国家、颠覆人民民主专政的政权和推翻社会主义制度,破坏社会秩序和经济秩序,侵犯国有财产或者劳动群众集体所有的财产,侵犯公民私人所有的财产,侵犯公民的人身权利、民主权利和其他权利,以及其他危害社会的行为,依照法律应当受刑罚处罚的,都是犯罪,但是情节显著轻微危害不大的,不认为是犯罪"。

2. 刑事责任的承担方式

根据《刑法》第三十二至三十五条的规定,刑罚分为主刑和附加刑;主刑种类有:管制、拘役、有期徒刑、无期徒刑、死刑。附加刑的种类有:罚金、剥夺政治权利、没收财产。附加刑也可以独立适用。

对于犯罪的外国人,可以独立适用或者附加适用驱逐出境。

3. 公路建设所涉及的刑事责任

(1)工程重大安全事故罪

《刑法》第一百三十七条规定:"建设单位、设计单位、施工单位、工程监理单位违反国家规定,降低工程质量标准,造成重大安全事故的,对直接责任人员,处五年以下有期徒刑或者拘役,并处罚金;后果特别严重的,处五年以上十年以下有期徒刑,并处罚金"。

(2)重大责任事故罪

《刑法》第一百三十四条规定:"在生产、作业中违反有关安全管理的规定,因而发生重大伤亡事故或者造成其他严重后果的,处三年以下有期徒刑或者拘役;情节特别恶劣的,处三年以上七年以下有期徒刑"。

(3)强令、组织他人违章冒险作业罪

《刑法》第一百三十四条规定:"强令他人违章冒险作业,或者明知存在重大事故隐患而不排除,仍冒险组织作业,因而发生重大伤亡事故或者造成其他严重后果的,处五年以下有期徒刑或者拘役;情节特别恶劣的,处五年以上有期徒刑"。

(4)重大劳动安全事故罪

《刑法》第一百三十五条规定:"安全生产设施或者安全生产条件不符合国家规定,因而发生重大伤亡事故或者造成其他严重后果的,对直接负责的主管人员和其他直接责任人员,处三年以下有期徒刑或者拘役;情节特别恶劣的,处三年以上七年以下有期徒刑"。

(5)串通投标罪

《刑法》第二百二十三条规定:"投标人相互串通投标报价,损害招标人或者其他投标人利益,情节严重的,处三年以下有期徒刑或者拘役,并处或者单处罚金。

投标人与招标人串通投标,损害国家、集体、公民的合法利益的,依照前款的规定处罚"。

中华人民共和国刑法

1979年7月1日第五届全国人民代表大会第二次会议通过。1997年3月14日第八届全国人民代表大会第五次会议修订。2020年12月26日第十三届全国人民代表大会常务委员会第二十四次会议通过的《中华人民共和国刑法修正案(十一)》修正。

任务实施

回答"任务描述"问题:应以哪一份合同为最终结算依据?

1.找到本案所涉及的法律法规

根据事件描述,本案例涉及的法律法规主要是《中华人民共和国招标投标法》。

2.按照相关法律法规,得出本案例结论

由于我国法律体系中未对国际公约、国际惯例、国际标准的法律效力作明确规定,只有部分法律对其效力做了规定,因此,在使用时要根据具体情况进行判别。

本任务中该项目是通过招投标方式选择的承包人,从招投标程序的履行到合同的签订以及施工单位进场施工均按《中华人民共和国招标投标法》相关规定执行,即前期已按该法进行项目实施,所以应选用《中华人民共和国招标投标法》及以此法为主要依据的第一份合同作为结算依据。

工程案例

案例描述

某三级公路由A交通运输局通过公开招投标选取了本市知名企业B路桥公司为施工方进行施工,合同签订工期为15个月,合同价为1.31亿元。

项目从开工至第7个月期间,所有施工内容均按经批准的施工组织设计进行,施工进展顺利。但在第8个月的生产调度会后,施工单位管理人员乘坐的车辆发生了交通事故,造成项目经理、项目总工及一个技术员二人遇难一人重伤的重大事故,该事件对项目的施工管理造成严重影响,使项目工期达到18个月,超合同工期91天。

在项目结算时,监理单位、A交通运输局一致认为B公司为本市知名企业且项目在发生事故前进展顺利,认为工期延误非B公司主观过错造成,未按合同进行工期延误扣款。

案例问题

监理单位、A交通运输局的决策是否正确？为什么？

案例分析

步骤	找问题	分析
第一步	分析该案例涉及的法律问题	从事件描述来看，是"违约责任"的问题
第二步	选择合适的法律条款	《中华人民共和国民法典》第五百七十七条规定："当事人一方不履行合同义务或者履行合同义务不符合约定的，应当承担继续履行、采取补救措施或者赔偿损失等违约责任"
第三步	判断B公司是否应该承担责任	因B公司实际工期比合同工期长，其"履行合同义务不符合约定"，所以B公司违约与否需要运用违约责任的归责原则来进行判定。《中华人民共和国民法典》确立了严格的责任原则，不论违约方主观上是否有过错，只要违约就需要承担责任。因此B公司应承担工期延误的责任

案例结论

（1）B公司应承担工期延误的责任。

（2）监理单位、A交通运输局的决策是不正确的。

技能训练

根据学习内容，熟悉免责、违约、履行，完成本任务工单1-1-1。

熟悉免责、违约、履行　　　　　　　　　　**任务工单1-1-1**

1. 在公路建设过程中，因项目资金由项目法人（也称业主、建设单位等）筹措，所以其有权对违反合同的其他合同主体进行免责，这个说法是否正确？（30分）

2. 简述违约责任的责任形式有哪些？（30分）

续上表

3.当事人一方不履行非金钱债务或者履行非金钱债务不符合约定的,对方可以请求履行,但哪些情形可以不履行？(40分)
任务评价　　　　　　　　　总分:100分　　　得分:_____

任务 2　公路建设法律法规关系主体认知

思维导图

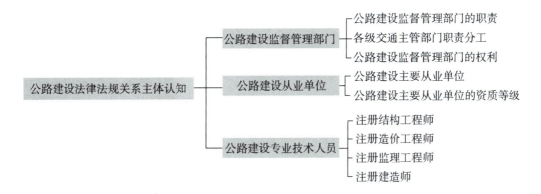

任务描述

原告 A 路桥公司诉讼称:2019 年 5 月,A 路桥公司与朱某签订挂靠经营合同,约定由朱某向 A 路桥公司缴纳一定数额的管理费,朱某以 A 路桥公司名义对外承接工程,A 路桥公司不参与朱某所承接项目的任何监督管理。

1.资质管理案例——
任务描述

2019 年 10 月朱某以 A 路桥公司名义承接了某公路项目的施工任务,在施工过程中,因朱某管理不到位,建设单位向朱某发出停工通知并要求撤场,朱某接到此通知后态度消极,之后便携工程款销声匿迹。建设单位便向 A 路桥公司发通知,A 路桥公司在接到建设单位通知后替朱某进行如管理人员、农民工遣散等善后工作。在处理善后工作中,A 路桥公司代支付工资等款项合计 86 万元。

为维护公司的合法权益,A 路桥公司将朱某诉讼至法院,诉讼请求:①请求朱某赔偿 A 路桥公司代其支付的 86 万元;②解除双方签订的挂靠经营合同;③本案诉讼费用由朱某承担。

问题:你认为 A 路桥公司的诉讼请求能实现吗？请说明理由。

任务分析

1. 找出本案例适用的法律法规;
2. 在适用的法律法规中找出与本案例相关的规定;
3. 在找出的相关规定中选出适用本案例的具体条款,对案例所提问题进行分析并得出结论。

理论知识

一、公路建设监督管理部门

《公路建设监督管理办法》第三条规定:"公路建设监督管理实行统一领导,分级管理。

交通运输部主管全国公路建设监督管理;县级以上地方人民政府交通主管部门主管本行政区域内公路建设监督管理"。

《中华人民共和国公路法》第二十条规定:"县级以上人民政府交通主管部门应当依据职责维护公路建设秩序,加强对公路建设的监督管理"。

(一) 公路建设监督管理部门的职责

《公路建设监督管理办法》第五条规定:"公路建设监督管理的职责包括:

(1)监督国家有关公路建设工作方针、政策和法律、法规、规章、强制性技术标准的执行;

(2)监督公路建设项目建设程序的履行;

(3)监督公路建设市场秩序;

(4)监督公路工程质量和工程安全;

(5)监督公路建设资金的使用;

(6)指导、检查下级人民政府交通主管部门的监督管理工作;

(7)依法查处公路建设违法行为。"

(二)各级交通主管部门职责分工

公路建设监督管理实行统一领导、分级管理的原则。根据《公路建设监督管理办法》第六条规定的各级交通主管部门的职责分工,其职责分工见表1-2-1。

各级交通主管部门职责分工　　　　表1-2-1

交通主管部门	职责分工
交通运输部	对全国公路建设项目进行监督管理,依据职责负责国家高速公路网建设项目和交通运输部确定的其他重点公路建设项目前期工作、施工许可、招标投标、工程质量、工程进度、资金、安全管理的监督和竣工验收工作
省级人民政府交通主管部门	除应当由交通运输部实施的监督管理职责外,依据职责负责本行政区域内公路建设项目的监督管理,具体负责本行政区域内的国家高速公路网建设项目、交通运输部和省级人民政府确定的其他重点公路建设项目的监督管理
设区的市和县级人民政府交通主管部门	按照有关规定负责本行政区域内公路建设项目的监督管理

(三)公路建设监督管理部门的权利

《公路建设监督管理办法》第七条规定:"县级以上人民政府交通主管部门在履行公路建设监督管理职责时,有权要求:

(1)被检查单位提供有关公路建设的文件和资料;

(2)进入被检查单位的工作现场进行检查;

(3)对发现的工程质量和安全问题以及其他违法行为依法处理。"

二、公路建设从业单位

(一)公路建设主要从业单位

公路建设从业单位是指从事公路建设的项目法人,项目建设管理单位,咨询、勘察、设计、施工、监理、试验检测单位,提供相关服务的社会中介机构以及设备和材料的供应单位。

(二)公路建设主要从业单位的资质等级

(1)根据现行法规,我国目前各类公路建设从业单位综合资质等级划分情况见表1-2-2。

从业单位的资质等级　　　　　表 1-2-2

序号	从业单位	综合资质等级划分
1	公路勘察、设计单位	甲级、乙级
2	工程咨询单位	甲级、乙级
3	施工单位	公路工程施工总承包资质分为特级、一级、二级、三级
4	监理单位	甲级、乙级、丙级
5	试验检测单位	甲级、乙级、丙级

（2）相关法律法规对每一类从业单位的资质等级标准都作了相应的要求，各等级的资质必须满足以下相应要求：

①企业的资信能力；

②管理人员和专业技术人员要求；

③技术装备；

④已完成的工程业绩。

（3）我国现行法规对从业单位资质使用相关规定。

为了加强对建设工程质量的管理，保证建设工程质量，保护人民生命和财产安全，《建设工程质量管理条例》对各从业单位的资质使用作了具体规定。

《建设工程质量管理条例》第十八条、第二十五条、第三十四条分别对勘察、设计、施工、监理单位在承揽工程时的资质作了如下规定：

①从事建设工程勘察、设计、施工、监理的单位应当依法取得相应等级的资质证书，并在其资质等级许可的范围内承揽工程。

②禁止勘察、设计、施工、监理单位超越其资质等级许可的范围或者以其他单位的名义承揽工程。

③禁止勘察、设计、施工、监理单位允许其他单位或者个人以本单位的名义承揽工程。

④勘察、设计、施工单位不得转包或者违法分包所承揽的工程。

⑤工程监理单位不得转让工程监理业务。

三、公路建设专业技术人员

（一）注册结构工程师

1. 注册结构工程师的概念及管理机构

注册结构工程师是指取得中华人民共和国注册结构工程师执业资格证书和注册证书

(图1-2-1所示)从事房屋结构、桥梁结构及塔架结构等工程设计及相关业务的专业技术人员。

图1-2-1 注册结构工程师执业资格证书样本

(1)根据我国《注册结构工程师执业资格制度暂行规定》,注册结构工程师分为一、二两级。

一级注册结构工程师执业的范围不受工程规模及工程复杂程度的限制;

二级注册结构工程师则要受一定限制,具体限制范围由住房和城乡建设部的相关规定确定。

(2)注册结构工程师管理委员会由住房和城乡建设部、人力资源和社会保障部和国务院有关部门的代表及工程设计专家组成。各省、自治区、直辖市可成立相应的注册结构工程师管理委员会。各级注册结构工程师管理委员会可依照规定及住房和城乡建设部、人力资源和社会保障部有关规定,负责或参与注册结构工程师的考试和注册等具体工作。

2.注册结构工程师执业资格考试

(1)注册结构工程师考试实行全国统一大纲、统一命题、统一组织的办法,原则上每年举行一次。

(2)一级注册结构工程师资格考试由基础考试和专业考试两部分组成。通过基础考试的人员,从事结构工程设计或相关业务满规定年限,方可申请参加专业考试。

(3)二级注册结构工程师资格考试只有专业考试。

3.注册结构工程师的注册

结构工程师注册申请只能由其所在单位代为进行,我国尚不接受个人申请。注册有效期为2年,届时需要继续注册的,应在期满前30日内办理注册手续。执业资格证书注册被撤销后,需按规定要求重新申请注册,详见表1-2-3。

注册结构工程师的注册 表 1-2-3

获准注册	收回注册证书
取得注册结构工程师执业资格者,要从事结构工程设计业务的,必须先行注册。有下列情形之一的,将不能获准注册: (1)不具备完全民事行为能力的; (2)因受刑事处罚,自处罚完毕之日起至申请之日止不满5年的; (3)在结构工程设计或相关业务中犯有错误受到行政处罚或撤职以上行政处分,自处罚决定之日起至申请注册之日止不满2年的; (4)受吊销注册结构工程师证书处罚,自处罚决定之日起至申请之日止不满5年的	注册结构工程师注册后,发生下列情形之一的,注册结构工程师管理委员会将撤销其注册,并收回注册证书: (1)完全丧失民事行为能力的; (2)受刑事处罚的; (3)在工程设计或相关业务中造成工程事故,受到行政处罚或撤职以上行政处分的; (4)自行停止注册结构工程师业务满2年的

4.注册结构工程师执业

(1)执业范围

注册结构工程师可从事结构工程设计,包括结构工程设计技术咨询;建筑物、构筑物、工程设施等调查和鉴定;对本人主持设计的项目进行施工指导和监督;住房和城乡建设部和国务院有关部门规定的其他业务。

(2)执业要求及责任

我国尚不允许注册结构工程师个人单独执业,所以注册结构工程师必须加入一个勘察设计单位后才能执业,由单位统一接受设计业务委托并统一收费。当注册结构工程师因结构设计质量造成经济损失时,其赔偿责任先由勘察设计单位承担,勘察设计单位有权向签字的注册结构工程师追偿。住房和城乡建设部规定了注册机构工程师执业管理和处罚办法。

5.权利与义务

注册结构工程师按规定接受必要的继续教育,定期进行业务和法规的培训,作为重新注册的依据,其权利与义务详见表1-2-4。

注册结构工程师的权利与义务 表 1-2-4

权利	义务
(1)国家规定的一定跨度、高度等以上的结构工程设计,应由注册结构工程师主持设计; (2)注册结构工程师才有权以注册结构工程师的名义执行注册结构工程师的业务; (3)任何单位和个人修改注册结构工程师的设计图纸,应当征得该注册结构工程师的同意,但因个人丧失民事行为能力或本人下落不明等特殊情况不能征得该注册结构工程师同意的除外	(1)注册结构工程师必须遵守法律、法规和职业道德,维护社会公共利益; (2)保证工程设计的质量,并在其负责的设计图纸上签字盖章; (3)保守在执业中知悉的单位和个人的秘密; (4)不得同时受聘于两个以上勘察设计单位执行业务; (5)不得准许他人以本人名义执行业务

（二）注册造价工程师

1. 注册造价工程师的概念及管理机构

注册造价工程师，是指通过土木建筑工程或者安装工程专业造价工程师职业资格考试取得造价工程师职业资格证书或者通过资格认定、资格互认，并按照《注册造价工程师管理办法》注册后，从事工程造价活动的专业人员。

2. 造价工程师执业资格制度

（1）凡从事工程建设活动的建设、设计、施工、工程造价咨询、工程造价管理等单位和部门，必须在计价、评估、审查（核）、控制及管理等岗位配套有造价工程师执业资格的专业技术人员。

（2）我国注册造价工程师分为一级注册造价工程师和二级注册造价工程师。一级注册造价工程师执业范围主要包括建设项目全过程的工程造价管理与工程造价咨询等，而二级注册造价工程师是协助一级注册造价工程师开展相关工作，并可以独立开展一些概算、报价、价款编制工作。

3. 注册造价工程师的注册

（1）注册造价工程师的注册条件

取得执业资格；受聘于一个工程造价咨询企业或者工程建设领域的建设、勘察设计、施工、招标代理、工程监理、工程造价管理等单位；无表1-2-6中不予注册的情形。

（2）注册造价工程师的注册形式

符合注册条件的人员申请注册的，可以向聘用单位工商注册所在地的省、自治区、直辖市人民政府住房城乡建设主管部门或者国务院有关专业部门提交申请材料，详见表1-2-5。

注册造价工程师的注册形式　　　　　　　　　　　表1-2-5

项目	一级注册造价工程师	二级注册造价工程师
初始注册	①申请一级注册造价工程师初始注册，省、自治区、直辖市人民政府住房城乡建设主管部门或者国务院有关专业部门收到申请材料后，应当在5日内将申请材料报国务院住房城乡建设主管部门； ②国务院住房城乡建设主管部门在收到申请材料后，应当依法做出是否受理的决定，并出具凭证； ③申请材料不齐全或者不符合法定形式的，应当在5日内一次性告知申请人需要补齐的全部内容； ④逾期不告知的，自收到申请材料之日起即为受理。国务院住房城乡建设主管部门应当自受理之日起20日内作出决定	①申请二级注册造价工程师初始注册，省、自治区、直辖市人民政府住房城乡建设主管部门收到申请材料后，应当依法做出是否受理的决定，并出具凭证； ②申请材料不齐全或者不符合法定形式的，应当在5日内一次性告知申请人需要补齐的全部内容； ③逾期不告知的，自收到申请材料之日起即为受理。省、自治区、直辖市人民政府住房城乡建设主管部门应当自受理之日起20日内作出决定

续上表

项目	一级注册造价工程师	二级注册造价工程师
变更、延续注册	①申请一级注册造价工程师变更注册、延续注册，省、自治区、直辖市人民政府住房城乡建设主管部门或者国务院有关专业部门收到申请材料后，应当在5日内将申请材料报国务院住房城乡建设主管部门； ②国务院住房城乡建设主管部门应当自受理之日起10日内作出决定	申请二级注册造价工程师变更注册、延续注册，省、自治区、直辖市人民政府住房城乡建设主管部门收到申请材料后，应当自受理之日起10日内作出决定
注：注册造价工程师的初始、变更、延续注册，需通过全国统一的注册造价工程师注册信息管理平台实行网上申报、受理和审批		

（3）注册造价工程师申请初始注册提交材料

①初始注册申请表；

②职业资格证书和身份证件；

③与聘用单位签订的劳动合同；

④取得执业资格证书的人员，自职业资格证书签发之日起1年后申请初始注册的，应当提供当年的继续教育合格证明；

⑤外国人应当提供外国人就业许可证书。

（4）注册造价工程师注册情况

注册造价工程师注册情况详见表1-2-6。

注册造价工程师注册情况　　　　表1-2-6

不予注册	撤销注册	证书失效
①不具备完全民事行为能力的； ②申请在两个或者两个以上单位注册的； ③未达到造价工程师继续教育合格标准的； ④前一个注册期内工作业绩达不到规定标准或未办理暂停执业手续而脱离工程造价业务岗位的； ⑤受刑事处罚，刑事处罚尚未执行完毕的； ⑥因工程造价业务活动受刑事处罚，自刑事处罚执行完毕之日起至申请注册之日止不满5年的； ⑦因前项规定以外原因受刑事处罚，自处罚决定之日起至申请注册之日止不满3年的； ⑧被吊销注册证书，自被处罚决定之日起至申请注册之日止不满3年的； ⑨以欺骗、贿赂等不正当手段获准注册被撤销，自被撤销注册之日起至申请注册之日止不满3年的； ⑩法律、法规规定不予注册的其他情形	①行政机关工作人员滥用职权、玩忽职守作出准予注册许可的； ②超越法定职权作出准予注册许可的； ③违反法定程序作出准予注册许可的； ④对不具备注册条件的申请人作出准予注册许可的； ⑤依法可以撤销注册的其他情形； ⑥申请人以欺骗、贿赂等不正当手段获准注册的，应当予以撤销	①已与聘用单位解除劳动合同且未被其他单位聘用的； ②注册有效期满且未延续注册的； ③死亡或者不具有完全民事行为能力的； ④其他导致注册失效的情形

4.注册造价工程师执业情况

注册造价工程师执业情况详见表1-2-7

注册造价工程师执业情况　　　　　　　　　　　　表1-2-7

一级注册造价工程师	二级注册造价工程师
(1)项目建议书、可行性研究投资估算与审核,项目评价造价分析; (2)建设工程设计概算、施工预算编制和审核; (3)建设工程招标投标文件工程量和造价的编制与审核; (4)建设工程合同价款、结算价款、竣工决算价款的编制与管理; (5)建设工程审计、仲裁、诉讼、保险中的造价鉴定,工程造价纠纷调解; (6)建设工程计价依据、造价指标的编制与管理; (7)与工程造价管理有关的其他事项	(1)建设工程工料分析、计划、组织与成本管理,施工图预算、设计概算编制; (2)建设工程量清单、最高投标限价、投标报价编制; (3)建设工程合同价款、结算价款和竣工决算价款的编制

5.注册造价工程师权利与义务

注册造价工程师权利与义务详见表1-2-8

注册造价工程师的权利与义务　　　　　　　　　　表1-2-8

序号	权利	义务
1	使用注册造价工程师名称	遵守法律、法规、有关管理规定,恪守职业道德
2	依法从事工程造价业务	保证执业活动成果的质量
3	在本人执业活动中形成的工程造价成果文件上签字并加盖执业印章	接受继续教育,提高执业水平
4	发起设立工程造价咨询企业	执行工程造价计价标准和计价方法
5	保管和使用本人的注册证书和执业印章	与当事人有利害关系的,应当主动回避
6	参加继续教育	保守在执业中知悉的国家秘密和他人的商业、技术秘密

(三)注册监理工程师

1.注册监理工程师的概念

注册监理工程师是指经考试取得中华人民共和国监理工程师资格证书,并按照规定注册,取得中华人民共和国注册监理工程师注册执业证书和执业印章,从事工程监理及相关业务活动的专业技术人员。注册监理工程师考试科目包括《建设工程监理基本理论和相关法规》《建设工程合同管理》《建设工程目标控制》《建设工程监理案例分析》4个科目。

小贴士

未取得注册证书和执业印章的人员,不得以注册监理工程师的名义从事工程监理及相关业务活动。

2. 注册监理工程师的注册

（1）注册监理工程师依据其所学专业、工作经历、工程业绩，按照《工程监理企业资质管理规定》划分的工程类别，按专业注册。每人最多可以申请两个专业注册。

（2）取得资格证书的人员申请注册，由省、自治区、直辖市人民政府建设主管部门初审，国务院建设主管部门审批。

取得资格证书并受聘于一个建设工程勘察、设计、施工、监理、招标代理、造价咨询等单位的人员，应当通过聘用单位向单位工商注册所在地的省、自治区、直辖市人民政府建设主管部门提出注册申请；省、自治区、直辖市人民政府建设主管部门受理后提出初审意见，并将初审意见和全部申报材料报国务院建设主管部门审批；符合条件的，由国务院建设主管部门核发注册证书和执业印章。

（3）省、自治区、直辖市人民政府建设主管部门在收到申请人的申请材料后，应当即时作出是否受理的决定，并向申请人出具书面凭证；申请材料不齐全或者不符合法定形式的，应当在5日内一次性告知申请人需要补齐的全部内容。逾期不告知的，自收到申请材料之日起即为受理。

对申请初始注册的，省、自治区、直辖市人民政府建设主管部门应当自受理申请之日起20日内审查完毕，并将申请材料和初审意见报国务院建设主管部门。国务院建设主管部门自收到省、自治区、直辖市人民政府建设主管部门上报材料之日起，应当在20日内审批完毕并作出书面决定，并自作出决定之日起10日内，在公众媒体上公告审批结果。

3. 注册监理工程师的执业

注册监理工程师可以从事工程监理、工程经济与技术咨询、工程招标与采购咨询、工程项目管理服务以及国务院有关部门规定的其他业务。工程监理活动中形成的监理文件由注册监理工程师按照规定签字盖章后方可生效。修改经注册监理工程师签字盖章的工程监理文件，应当由该注册监理工程师进行；因特殊情况，该注册监理工程师不能进行修改的，应当由其他注册监理工程师修改，并签字、加盖执业印章，对修改部分承担责任。

4. 注册监理工程师的权利与义务

注册监理工程师的权利与义务详见表1-2-9。

注册监理工程师的权利与义务　　　　　表1-2-9

权利	义务
（1）使用注册监理工程师称谓； （2）在规定范围内从事执业活动； （3）依据本人能力从事相应的执业活动； （4）保管和使用本人的注册证书和执业印章；	（1）遵守法律、法规和有关管理规定； （2）履行管理职责，执行技术标准、规范和规程； （3）保证执业活动成果的质量，并承担相应责任； （4）接受继续教育，努力提高执业水准；

续上表

权利	义务
(5)对本人执业活动进行解释和辩护； (6)接受继续教育； (7)获得相应的劳动报酬； (8)对侵犯本人权利的行为进行申诉	(5)在本人执业活动所形成的工程监理文件上签字、加盖执业印章； (6)保守在执业中知悉的国家秘密和他人的商业、技术秘密； (7)不得涂改、倒卖、出租、出借或者以其他形式非法转让注册证书或者执业印章； (8)不得同时在两个或者两个以上单位受聘或者执业； (9)在规定的执业范围和聘用单位业务范围内从事执业活动； (10)协助注册管理机构完成相关工作

(四)注册建造师

1. 注册建造师的概念

2002年12月5日人事部、建设部(即现在的人力资源和社会保障部、住房和城乡建设部,下同)联合颁发了《建造师执业资格制度暂行规定》(人发【2002】111号),标志着我国建造师制度的建立和建造师工作的正式启动。该规定明确指出,国家对建设工程项目总承包和施工管理关键岗位的专业技术人员实行执业资格制度,纳入全国专业技术人员执业资格制度统一规划。

注册建造师是指通过考核认定或考试合格取得中华人民共和国建造师资格证书,并按照规定注册,取得中华人民共和国建造师注册证书和执业印章,担任施工单位项目负责人及从事相关活动的专业技术人员。

《建造师执业资格制度暂行规定》规定:建造师分为一级建造师和二级建造师。英文分别为Constructor和Associate Constructor。经国务院有关部门同意,获准在中华人民共和国境内从事建设工程项目施工管理的外籍及港、澳、台地区的专业人员,符合该规定要求的,也可报名参加建造师执业资格考试以及申请注册。一级建造师具有较高的标准、较高的素质和管理水平,有利于开展国际互认。同时,考虑我国建设工程项目量大而面广,工程项目的规模差异悬殊,各地经济、文化和社会发展水平有较大差异以及不同工程项目对管理人员的要求也不尽相同,设立二级建造师,可以适应施工管理的实际需求。

2. 注册建造师的资格

(1)一级建造师执业资格实行全国统一大纲、统一命题、统一组织的考试制度,由人事部、建设部共同组织实施,原则上每年举行一次考试;二级建造师执业资格实行全国统一大纲,各省、自治区、直辖市命题并组织的考试制度。考试内容分为综合知识与能力和专业知识与能力两部分。

(2)注册建造师报考条件,见表1-2-10。

各级注册建造师报考条件　　　表1-2-10

一级	二级
(1)取得工程类或工程经济类大学专科学历,工作满6年,其中从事建设工程项目施工管理工作满4年; (2)取得工程类或工程经济类大学本科学历,工作满4年,其中从事建设工程项目施工管理工作满3年; (3)取得工程类或工程经济类双学士学位或研究生班毕业,工作满3年,其中从事建设工程项目施工管理工作满2年; (4)取得工程类或工程经济类硕士学位,工作满2年,其中从事建设工程项目施工管理工作满1年; (5)取得工程类或工程经济类博士学位,从事建设工程项目施工管理工作满1年	凡遵纪守法并具备工程类或工程经济类中等专科以上学历并从事建设工程项目施工管理工作满2年,可报名参加二级建造师执业资格考试

3. 注册建造师的注册

(1)经考核认定或考试合格取得资格证书。

(2)受聘于一个相关单位。

(3)达到继续教育要求。

(4)准予注册的申请人员,分别获得《中华人民共和国一级建造师注册证书》《中华人民共和国二级建造师注册证书》,如图1-2-2所示。

图1-2-2　一级、二级建造师执业资格证书样本

(5)已经注册的建造师必须接受继续教育,更新知识,不断提高业务水平。

(6)建造师执业资格注册有效期一般为3年,有效期满前3个月,持证者应到原注册管理机构办理再次注册手续。

(7)在注册有效期内,变更执业单位者,应当及时办理变更手续。

4. 注册建造师的定位

(1)建造师是以专业技术为依托、以工程项目管理为主业的执业注册人员,目前建造师以施工管理为主。

(2)建造师是懂管理、懂技术、懂经济、懂法规、综合素质较高的复合型人员,既要有理论水平,也要有丰富的实践经验和较强的组织能力。

(3)建造师注册受聘后,可以建造师的名义担任建设工程项目施工的项目经理,从事其他施工活动的管理以及法律、行政法规或国务院建设行政主管部门规定的其他业务。

5. 注册建造师的职责

在行使项目经理职责时:

(1)一级注册建造师可以担任《建筑业企业资质等级标准》中规定的特级、一级建筑业企业资质的建设工程项目施工的项目经理;

(2)二级注册建造师可以担任二级建筑业企业资质的建设工程项目施工的项目经理;

(3)大中型工程项目的项目经理必须逐步由取得建造师执业资格的人员担任;

(4)取得建造师执业资格的人员能否担任大中型工程项目的项目经理,应由建筑业企业自主决定。

6. 注册建造师执业范围

《建造师执业资格制度暂行规定》规定,建造师的执业范围:

(1)担任建设工程项目施工的项目经理;

(2)从事其他施工活动的管理工作;

(3)法律、行政法规或国务院建设行政主管部门规定的其他业务。

7. 注册建造师权利与义务

注册建造师权利与义务详见表1-2-11。

注册建造师权利与义务　　　　　　　表1-2-11

序号	权利	义务
1	使用注册建造师名称	遵守法律、法规和有关管理规定,恪守职业道德
2	在规定范围内从事执业活动	执行技术标准、规范和规程
3	在本人执业活动中形成的文件上签字并加盖执业印章	保证执业活动成果的质量,并承担相应责任
4	保管和使用本人的注册证书和执业印章	接受继续教育,努力提高执业水准
5	对本人执业活动进行解释和辩护	保守在执业中知悉的国家秘密和他人的商业、技术秘密

续上表

序号	权利	义务
6	接受继续教育	与当事人有利害关系的,应当回避
7	获得相应的劳动报酬	协助注册管理机构完成相关工作
8	对侵犯本人权利的行为进行申诉	

任务实施

回答"任务描述"问题:A 建筑公司的诉讼请求能实现吗?

1.资质管理案例—任务实施

1.分析本案例涉及的法律法规

本案例涉及的法律法规主要是《中华人民共和国建筑法》《建设工程质量管理条例》。

2.选择合适的法律条款

(1)依据《中华人民共和国建筑法》第二十六条规定:

承包建筑工程的单位应当持有依法取得的资质证书,并在其资质等级许可的业务范围内承揽工程。

禁止建筑施工公司超越本公司资质等级许可的业务范围或者以任何形式用其他建筑施工公司的名义承揽工程。禁止建筑施工公司以任何形式允许其他单位或者个人使用本公司的资质证书、营业执照,以本公司的名义承揽工程。

(2)《建设工程质量管理条例》第十八条、第二十五条、第三十四条分别对勘察、设计、施工、监理单位在承揽工程时对资质作了如下规定:

①从事建设工程勘察、设计、施工、监理的单位应当依法取得相应等级的资质证书,并在其资质等级许可的范围内承揽工程。

②禁止勘察、设计、施工、监理单位超越其资质等级许可的范围或者以其他单位的名义承揽工程。

③禁止勘察、设计、施工、监理单位允许其他单位或者个人以本单位的名义承揽工程。

④勘察、设计、施工单位不得转包或者违法分包所承揽的工程。

⑤工程监理单位不得转让工程监理业务。

3.本案例结论

(1)A 路桥公司违规出借本单位资质而朱某违规借用其资质,因此双方签订的《挂靠经营合同》为无效协议,不受法律保护。

(2)被告朱某于本判决生效后七日内返还原告 A 路桥公司的为其垫付的工资等 86 万元;如果未按本判决指定的期间履行支付金钱义务,应当依照《中华人民共和国民事诉讼法》第二百二十九条规定,加倍支付迟延履行期间的债务利息。

(3)解除双方签订的《挂靠经营合同》。案件受理费用由原告和被告各自承担一半。

工程案例

案例描述

某市建设行政主管部门收到甲建筑公司举报,称其正在进行施工的建筑施工图纸存在严重质量问题,希望对该图纸的设计单位进行查处。经调查后发现,该工程施工图纸是由宋某组织无证设计人员以乙建筑设计院的名义设计出图的。据此,建设行政主管部门依据相关规定,要求立即责令甲建筑公司停止建筑活动,并对宋某做出了处以 10 万元以上 30 万元以下罚款的行政处罚。

案例问题

(1)本案例中宋某做法是否合法?如不合法,他违反了什么规定?
(2)本案例中乙建筑设计院违反了什么规定?
(3)本案例中甲建筑公司是否需要承担责任?

案例分析

步骤	找问题	分析
第一步	分析该案例涉及的法律问题	该案例涉及个人执业、单位资质转借问题
第二步	找出相关规定	(1)《建筑工程勘察设计管理条例》第二章第九条、第十条规定:国家对从事建设工程勘察、设计活动的专业技术人员,实施执业资格注册管理制度。未经注册的建设工程勘察、设计人员,不得以注册执业人员的名义从事建筑工程勘察、设计活动。建设工程勘察、设计注册执业人员和其他专业技术人员只能受聘于一个建设工程勘察、设计单位;未受聘于建设工程勘察、设计单位的,不得从事建设工程勘察、设计活动; (2)《建设工程质量管理条例》规定:禁止勘察、设计、施工、监理单位允许其他单位或者个人以本单位的名义承揽工程
第三步	分析案例中的违规行为	(1)宋某无相关执业资格从事相关活动,违反了《建筑工程勘察设计资质管理规定》; (2)乙建筑设计院允许宋某以本单位的名义承揽工程,违反了《建设工程质量管理条例》规定

案例结论

(1)宋某无相关执业资格从事相关活动,违反了《建筑工程勘察设计资质管理规定》。

(2)乙建筑设计院允许宋某以本单位的名义承揽工程,违反了《建设工程质量管理条例》规定。

(3)甲建筑公司发现设计图纸质量问题敢于提出并向相关部门举报,行使了其义务,并无违法行为产生,因此不用承担责任。

技能训练

根据学习内容,分析事件相关责任,完成本任务工单1-2-1。

分析事件相关责任　　　　　　　　　　　　**任务工单1-2-1**

任务1描述	顾某(个体建筑工匠)在没有资质承建工业厂房的情况下,超越承建资质范围,与某制品有限公司法定代表人胡某签订协议,承建该公司的球磨车间。 在施工过程中,顾某违反规章制度,没有按照规定要求的施工图施工,且没有采取有效的安全防范措施,冒险作业,留下事故隐患。 某日,施工人员砌筑完球磨车间西墙后,在墙身顶部浇天沟时,由于墙身全部采用五斗一盖砌筑,且中间没有立柱或砖墩加固,天沟模板没有落地支撑,致使墙身失稳倒塌,造成高某被墙体压住而死亡,沈某等3人轻伤,韩某轻微伤的重大伤亡事故。
任务1开展	根据以上情况,该项目出现的安全事故该由谁承担责任?请说明理由(60分)
任务2描述	某公路工程项目,施工承包单位委派经验丰富的技术人员张某(并未取得相应的执业资格)承担该项目的项目经理,全权处理该项目施工中的所有事宜。
任务2开展	该施工单位委派的工程项目管理者是否符合规定?请说明理由(40分)
任务评价	总分:100分　　　　　得分:_____

任务 3　公路建设程序认知

思维导图

任务描述

某县有一独具少数民族风情的村寨很受游客关注,但因交通不便使该旅游资源无法得到开发,该县文化和旅游局(简称文旅局)决定自筹资金 150 万元修建一条通往该村的公路。为使该村寨的旅游业尽快发挥效益,公路能尽快投入使用,故该公路建设项目在施工图未完成的情况下,文旅局就与 A 施工单位签订了施工合同,并按合同拨付了工程预付款,意在早做准备,加快速度,减少物价上涨的影响。

A 施工单位按照合同要求进场并进行施工准备,同时对控制性工程(一座小桥)按文旅局要求进行施工。当该县文旅局拿到设计单位的施工图与设计预算时,出现了以下问题:

(1)设计单位按照甲方提出的标准和要求设计完成后,设计预算达到 215 万元。超出计划投资部分将无资金来源,经研究决定:"调整方案,将小桥宽度由 6m 降到 4.5m,暂停施工"。

(2)A 施工单位在接到停工通知后向文旅局提出索赔:我方按照与贵局的施工合同要求准时进场并做了大量施工准备工作,项目驻地已建设完成、施工设备及部分材料已进场,且部分分项工程已开工建设,重新开工时间难以确定,我方必须考虑各种可能,以减少双方更大的损失,希望贵局对我公司已投入的 44.53 万元(其中:小桥基础 25.31 万元,项目驻地建设 9.84 万元,挖掘机进场费及租金 3.47 万元,模板、水泥共计支出 5.91 万元)进行支付,并就延期开工对我公司进行补偿。

问题:A 施工单位的索赔合理吗? 为什么?

任务分析

1. 找出本案例涉及的法律问题；
2. 找出本案例适用的法律法规及适用条款；
3. 根据具体条款对本案例所提问题进行解答。

理论知识

一、公路建设概念

公路建设是指公路、桥梁、隧道、交通工程及沿线设施和公路渡口的项目建议书、可行性研究、勘察、设计、施工、竣（交）工验收和后评价全过程的活动。

公路建设关系国家发展与民众利益，为国民经济的发展、人民生活的提高和改善提供了重要的基础，并对众多产业的发展发挥促进作用，在国民经济中占有相当重要的地位，因此国家通过制定和实施公路建设管理法规，加强对公路建设的管理。

二、公路建设程序

公路建设程序是在认识公路建设客观规律基础上总结提出的，在公路建设全过程中各项工作都必须遵循的先后次序，是指公路建设各个环节相互衔接的顺序，是公路建设的保障和公路建设科学管理的内容之一。

《中华人民共和国公路法》用法律的形式对公路建设程序作了要求，第二十二条规定："公路建设应当按照国家规定的建设程序和有关规定进行。"

《公路建设监督管理办法》明确了政府和企业投资公路建设项目的建设程序，第八条规定："政府投资公路建设项目实行审批制，企业投资公路建设项目实行核准制。县级以上人民政府交通主管部门应当按职责权限审批或核准公路建设项目，不得越权审批、核准项目或擅自简化建设程序。"

《公路建设监督管理办法》规定的公路建设项目的实施程序详见表 1-3-1。

公路建设项目的实施程序　　　　表 1-3-1

政府投资公路建设项目（第九条规定）	企业投资公路建设项目（第十条规定）
（1）根据规划，编制项目建议书； （2）根据批准的项目建议书，进行工程可行性研究，编制可行性研究报告； （3）根据批准的可行性研究报告，编制初步设计文件；	（1）根据规划，编制工程可行性研究报告； （2）组织投资人招标工作，依法确定投资人； （3）投资人编制项目申请报告，按规定报项目审批部门核准；

续上表

政府投资公路建设项目(第九条规定)	企业投资公路建设项目(第十条规定)
(4)根据批准的初步设计文件,编制施工图设计文件; (5)根据批准的施工图设计文件,组织项目招标; (6)根据国家有关规定,进行征地拆迁等施工前准备工作,并向交通主管部门申报施工许可; (7)根据批准的项目施工许可,组织项目实施; (8)项目完工后,编制竣工图表、工程决算和竣工财务决算,办理项目交、竣工验收和财产移交手续; (9)竣工验收合格后,组织项目后评价	(4)根据核准的项目申请报告,编制初步设计文件,其中涉及公共利益、公众安全、工程建设强制性标准的内容应当按项目隶属关系报交通主管部门审查; (5)根据初步设计文件编制施工图设计文件; (6)根据批准的施工图设计文件组织项目招标; (7)根据国家有关规定,进行征地拆迁等施工前准备工作,并向交通主管部门申报施工许可; (8)根据批准的项目施工许可,组织项目实施; (9)项目完工后,编制竣工图表、工程决算和竣工财务决算,办理项目交、竣工验收; (10)竣工验收合格后,组织项目后评价

国务院对政府投资公路建设项目建设程序另有简化规定的,依照其规定执行。按表1-3-1规定公路建设大体可分为拟建、准备、施工、工程竣(交)工验收4个阶段。

(一)拟建阶段

1. 根据公路长远规划或项目建议书,进行可行性研究

通过现场调查和必要的勘探,全面草拟建设项目对政治、经济、军事、社会等方面的重要性与经济、技术、环境等方面的可行性。在此基础上,提出几个建设方案进行比选,选取技术与经济可行、效益高、投资少、工期短的方案,提出可行性报告。可行性研究是公路建设前期必不可少的重要环节,为建设项目的决策和计划任务书的编制提供重要依据。

2. 根据可行性研究编制计划任务书

计划任务书是工程建设的大纲,是确定建设项目和建设方案(包括依据、规模、布局、主要技术、经济方面的要求)的基本文件,也是进行现场勘测和编制文件的主要依据。它制约着工程建设的全过程和各个方面,属于基本建设的指导性、决策性文件。

根据可行性研究编制公路基本建设项目计划任务书,计划任务书的内容包含以下八个方面,如图1-3-1所示。

3. 计划任务书的审批

(1)计划任务书由工程所在地省级发展和改革委员会(简称发改委)或交通运输厅上报;

(2)交通运输部投资的跨省干线或特殊项目,由交通运输部会同有关省共同上报;

(3)大型项目的计划任务书按照投资隶属关系,由交通运输部或省发改委提出审查意见后报国家发改委审批;

1. 建设依据和重要意义
2. 路线或独立大桥的建设规模及修建性质
3. 路线的走向和主要控制点，独立大桥的主要控制点
4. 工程技术标准和主要技术指标
5. 按几个阶段设计，各阶段完成时间
6. 建设期限和投资估算及资金来源的建议
7. 设计、施工、科研力量的原则安排
8. 路线示意图及工程数量、钢材、水泥、木材用料估算表

图 1-3-1　计划任务书包含的内容

(4)具有特殊性质或特别重大的项目,由国家发改委提出审查意见报国务院审批;

(5)中型项目,按照投资隶属关系,由交通运输部或省发改委提出意见后,报国家发改委审批,或由国家发改委委托交通运输部或省发改委审批;

(6)小型项目,由交通运输部投资的项目,由交通运输部审批;地方投资的项目,由省发改委审批;联合投资项目,由交通运输部或省发改委审批,如图 1-3-2 所示。

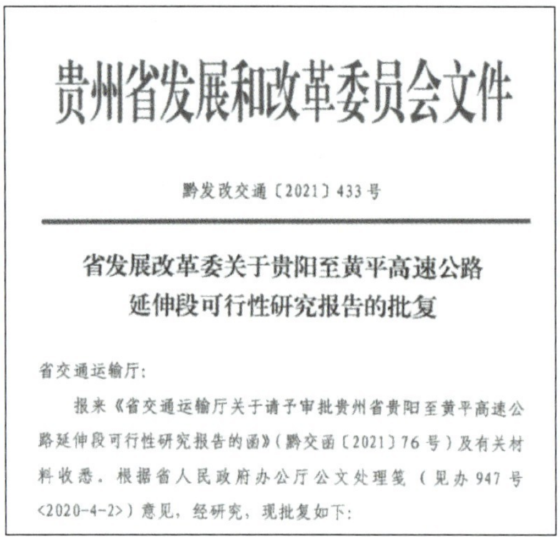

贵州省发展和改革委员会文件

黔发改交通〔2021〕433 号

省发展改革委关于贵阳至黄平高速公路延伸段可行性研究报告的批复

省交通运输厅:

报来《省交通运输厅关于请予审批贵州省贵阳至黄平高速公路延伸段可行性研究报告的函》(黔交函〔2021〕76 号)及有关材料收悉。根据省人民政府办公厅公文处理笺(见办 947 号<2020-4-2>)意见,经研究,现批复如下:

a)可行性研究报告批复

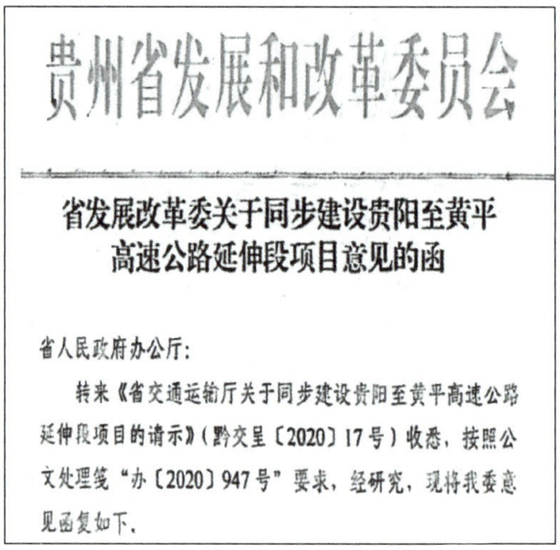

贵州省发展和改革委员会

省发展改革委关于同步建设贵阳至黄平高速公路延伸段项目意见的函

省人民政府办公厅:

转来《省交通运输厅关于同步建设贵阳至黄平高速公路延伸段项目的请示》(黔交呈〔2020〕17 号)收悉,按照公文处理笺"办〔2020〕947 号"要求,经研究,现将我委意见函复如下。

b)延伸项目函复

图 1-3-2　省发改委批复样本

计划任务书是确定基本建设项目与编制设计文件的重要依据,一经批准就不得任意变更。如建设规划、技术标准、路线走向等内容有原则变更时,须报经原批准机关同意。

(二)准备阶段

从计划任务书被批准之日起到施工开始前的时间为准备阶段。

1. 准备阶段的工作内容

准备阶段的工作内容如图 1-3-3 所示。

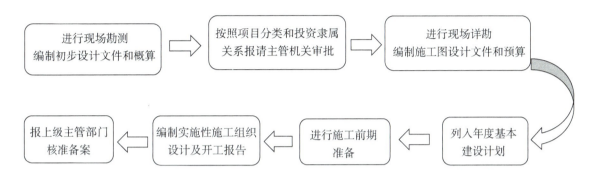

图 1-3-3　准备阶段的工作内容

2. 编制公路工程设计文件

准备阶段的关键环节是编制公路工程设计文件。设计文件是安排建设项目、控制投资、编制招投标文件、组织施工和竣工验收的重要依据,必须由具有相应等级公路勘察设计证书的单位编制。

设计文件一般包括初步设计和施工图设计两个阶段,简单的小型项目可只采用一阶段施工图设计,复杂的大型项目可增加技术设计,如图 1-3-4 所示。

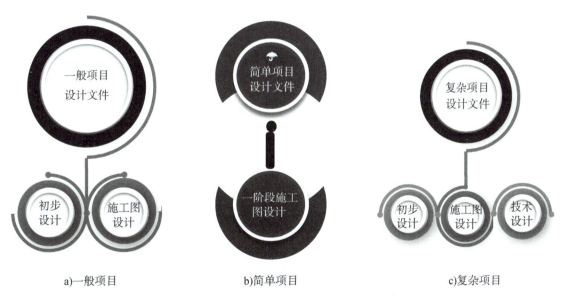

a)一般项目　　　　b)简单项目　　　　c)复杂项目

图 1-3-4　不同项目设计文件编制

3. 勘测、审批阶段

(1)设计单位根据批准的计划任务书,进行现场勘测。

根据勘测资料进行初步设计,编制初步设计文件和概算文件,将文件按投资隶属关系分别报批。

①凡国家主干道内的汽车专用公路,其初步设计文件及概算均应报交通运输部审批。

②由地方投资的非主干道一般公路,其初步设计文件及概算,由所在省、自治区、直辖市交通运输厅审批,如图1-3-5a)所示。

经批准的初步设计文件及概算,应列入国家基本建设年度计划,视规模不同分别报批。

①大中型和限额以上的建设项目,由交通运输部向国家发改委提出申请,并由国家发改委报国务院审批。

②小型基建项目和30万元以上的技改项目,由交通运输部审批。

(2)根据批准的初步设计文件,编制施工图和施工图预算,设计单位据此进行勘测设计。

①施工图与施工图预算由项目所在地交通运输厅或施工单位主管工程管理局审批,如图1-3-5b)所示。

②施工图预算应控制在经批准的概算范围之内,经批准的施工图,交由施工单位组织施工。

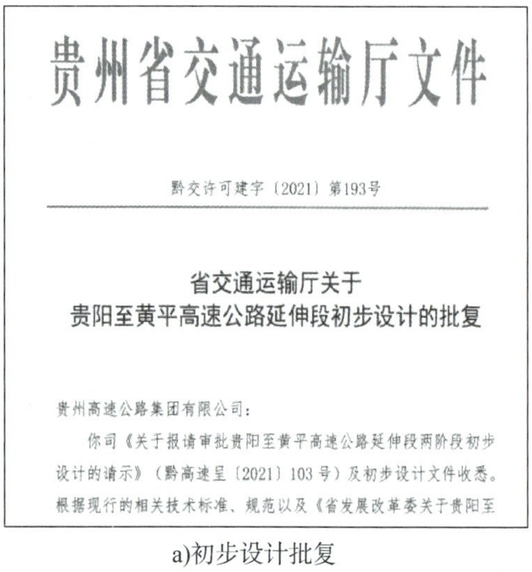
贵州省交通运输厅文件

黔交许可建字〔2021〕第193号

省交通运输厅关于
贵阳至黄平高速公路延伸段初步设计的批复

贵州高速公路集团有限公司：

你司《关于报请审批贵阳至黄平高速公路延伸段两阶段初步设计的请示》（黔高速呈〔2021〕103号）及初步设计文件收悉。根据现行的相关技术标准、规范以及《省发展改革委关于贵阳至

a)初步设计批复

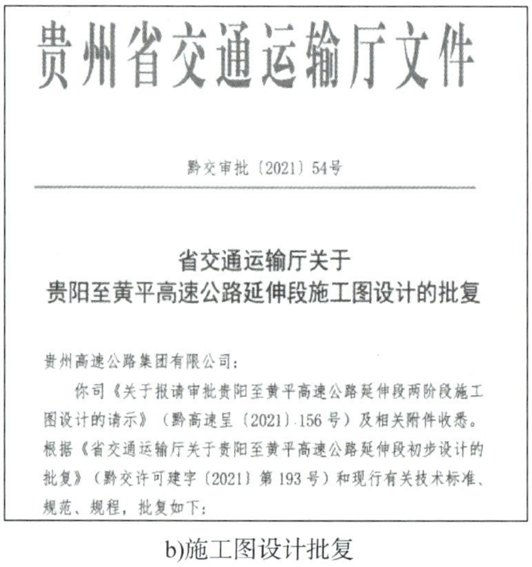
贵州省交通运输厅文件

黔交审批〔2021〕54号

省交通运输厅关于
贵阳至黄平高速公路延伸段施工图设计的批复

贵州高速公路集团有限公司：

你司《关于报请审批贵阳至黄平高速公路延伸段两阶段施工图设计的请示》（黔高速呈〔2021〕156号）及相关附件收悉。根据《省交通运输厅关于贵阳至黄平高速公路延伸段初步设计的批复》（黔交许可建字〔2021〕第193号）和现行有关技术标准、规范、规程，批复如下：

b)施工图设计批复

图1-3-5　省交通运输厅批复样本

(3)设计文件一经批准后不得随意修改,如确需修改且属一般性修改,经原设计单位同意和该项目工程技术负责人审定后可以修改;如有原则变动或总概算有增加时,必须报经设计文件批准机关批准后,方可修改。

(4)列入年度基本建设计划后,施工单位进行施工前的各项准备工作。

(三)施工阶段

施工单位按照批准的设计文件进行施工。

1. 施工前准备工作

在接受施工任务后,首先要准备各项工作,准备工作内容如下:

(1)通过核对设计文件,进行补充调查和施工测量,编制实施性施工组织设计。实施性施工组织设计,要严格遵照设计文件,不得任意修改。

①如发现有明显不合理和错误时,应主动向设计单位和建设单位提出;

②如设计方案和技术标准等有原则性变动或总概算有增加时,须报设计文件批准机关批准。

(2)准备施工中需要的物资条件,协调好施工中与其他部门的联系。大中型项目在开工前还须提出开工报告,报交通运输部或省级基建主管部门核查备案。

施工阶段即公路建设工程的实施阶段,是从理论到实践的转化过程,从计划到现实的转化过程,是公路建设程序中的关键环节。

2. 施工步骤

施工阶段又分为施工准备和施工作业两个步骤,其工作内容详见表1-3-2。

施工准备和施工作业工作内容 表1-3-2

施工准备	施工作业
(1)组织力量核对设计文件,进行补充调查和施工测量,编制实施性施工组织设计; (2)安排好施工所需的劳动力、材料、机械、工具、工棚和生活供应等工作; (3)就有关问题与相关部门联系,签订协议,如征地拆迁、电力、水源供应等; (4)大中型项目在开工前应向上级主管部门提出开工报告	(1)推行全面质量管理,严格按照工程设计标准施工; (2)严格遵守技术操作规程; (3)建立健全工程质量监理机构、监理人员和检测设备; (4)加强经济核算,严格财务管理,合理使用资金; (5)严格控制材料用量,降低消耗; (6)合理使用劳动力,提高出勤率和劳动生产率; (7)安全生产,严格遵守安全操作规程,加强劳动保护; (8)加强施工机械设备管理,保持完好状态,提高设备利用率

(四)工程竣(交)工验收阶段

《中华人民共和国公路法》第三十三条规定:"公路建设项目和公路修复项目竣工后,应当按照国家有关规定进行验收;未经验收或者验收不合格的,不得交付使用。"

1. 公路工程竣工验收的范围

凡新建和改建的公路工程,均应进行竣工验收。养护大修和改造工程可参照进行。

2. 公路工程竣(交)工验收的依据

(1)批准的工程可行性研究报告;

(2)批准的工程设计、概算、预算文件；

(3)批准的变更设计文件及图纸；

(4)批准或确认的招标文件及合同文本；

(5)上级机关对工程的指示文件；

(6)交通运输部颁布的公路工程标准、规范及国家有关规定等。

3.公路工程验收阶段

公路工程验收阶段分为交工验收和竣工验收两个阶段。

(1)交工验收

交工验收是由建设单位主持,主要是检查施工合同的执行情况和监理工作情况,提出工程质量等级建议,交工验收后经项目所在地省级交通主管部门批准试运营,试运营期为一年(特殊项目可适当延长,但不得超过两年)。未进行交工验收的项目不得试运营。

(2)竣工验收

竣工验收是由交通运输部或批准工程初步设计文件的地方交通主管部门主持,主要是全面考核建设成果,总结经验教训,对建设项目进行整体性综合评价,确定工程质量等级。

任务实施

回答"任务描述"问题：A施工单位的索赔应该支持吗？

1.分析本案例涉及的法律问题

从事件描述来看,本案例是关于建设程序的问题。

县文旅局在设计未完成的情况下与施工单位签订施工合同且要求进场施工是不符合建设程序规定的。

2.选择合适的法律法规及相关规定

《公路建设监督管理办法》第九条规定"政府投资的公路建设项目,应当按照下列程序进行：

(1)根据规划,编制项目建议书；

(2)根据批准的项目建议书,进行工程可行性研究,编制可行性研究报告；

(3)根据批准的可行性研究报告,编制初步设计文件；

(4)根据批准的初步设计文件,编制施工图设计文件；

(5)根据批准的施工图设计文件,组织项目招标；

(6)根据国家有关规定,进行征地拆迁等施工前准备工作,并向交通主管部门申报施工许可；

(7)根据批准的项目施工许可,组织项目实施；

(8)项目完工后,编制竣工图表、工程决算和竣工财务决算,办理项目交、竣工验收和财产移交手续;

(9)竣工验收合格后,组织项目后评价。"

3. 本案例结论

县文旅局未遵循基本建设程序,在设计文件未确定的情况下先行开工建设,违反了《公路建设监督管理办法》的规定,因此 A 施工单位索赔已投入的 44.53 万元(其中:小桥基础 25.31 万元,项目驻地建设 9.84 万元,挖掘机进场费及租金 3.47 万元,模板、水泥共计支出 5.91 万元)合法,应支持。

工程案例

案例描述

某县因推广旅游的需要国庆节将在该县著名景区召开旅游开发大会,但进入该著名景区的道路需要扩建,县交通运输局通过公开招标方式选取施工单位,最终 A 路桥公司中标并与县交通运输局签订了施工合同。因工期紧,A 路桥公司根据合同要求组织施工,在施工期间,交通质量安全监督局(简称质监局)工作人员来到施工现场检查工作,发现该项目未领取施工许可证,于是向交通运输局下发停工通知书。

案例问题

质监局工作人员做法是否合适?为什么?

案例分析

步骤	找问题	分析
第一步	分析涉及的法律问题	从事件描述来看,本案例是关于建设程序的问题
第二步	分析建设程序情况	交通运输局在未取得施工许可的情况下便组织施工单位进场施工
第三步	找出建设程序相关规定	《公路建设监督管理办法》第九条规定"政府投资公路建设项目实施,应当按照下列程序进行: (1)根据规划,编制项目建议书; (2)根据批准的项目建议书,进行工程可行性研究,编制可行性研究报告; (3)根据批准的可行性研究报告,编制初步设计文件; (4)根据批准的初步设计文件,编制施工图设计文件; (5)根据批准的施工图设计文件,组织项目招标; (6)根据国家有关规定,进行征地拆迁等施工前准备工作,并向交通主管部门申报施工许可; (7)根据批准的项目施工许可,组织项目实施; (8)项目完工后,编制竣工图表、工程决算和竣工财务决算,办理项目交、竣工验收和财产移交手续; (9)竣工验收合格后,组织项目后评价。"

案例结论

县交通运输局未遵循基本建设程序,在未取得施工许可的情况下先行开工建设,违反了《公路建设监督管理办法》的规定,因此质监局工作人员下发停工通知的做法正确。

技能训练

根据学习内容,熟悉公路建设程序,完成本任务工单1-3-1。

熟悉公路建设程序　　　　　　　　　　　　任务工单1-3-1

任务1描述	某建设单位欲兴建一个大型桥梁工程项目,根据《公路建设监督管理办法》的要求执行了以下建设程序:①编制项目建议书;②根据项目建议书进行可行性研究报告;③编制施工图设计文件;④编制初步设计文件;⑤进行项目实施;⑥施工准备
任务1开展	根据以上情况,该项目的建设程序是否正确?如不正确,请拟定正确的建设程序(70分)
任务2描述	某项目完工后,施工单位将编制好的竣工图表、工程决算和竣工财务决算等资料办理了项目移交手续
任务2开展	该项目进入了基本建设程序的哪一段阶段?(30分)
任务评价	总分:100分　　　　得分:_____

知识巩固

序号	任务描述	任务开展
1	在公路建设活动中,必须要有相应的标准、规范对建设活动的各个环节进行指导、约束	简述公路建设标准的种类、适用范围及关系(10分)
2		公路建设涉及的主要刑事责任有哪些?(10分)
3	蒋某与无建筑资质的张某签订了一份"建房协议书"。包工包料承建蒋某在某村木料厂房	请问该事件中所签订的"建房协议书"是否具备法律效应?为什么?(20分)
4	高某具有注册结构工程师的执业资格证,但最近在家待业。秦某与高某是好友,想着帮助一下好友,故委托高某为自己单位兴建的综合办公楼做施工图设计	请问高某能承接该项施工图设计活动吗?为什么?(20分)
5	某建设单位通过论述建设项目的必要性、可行性、以及获利的可能性,向国家推荐建设项目,供国家选择并确定是否进行下一步工作	请问该项目是基建程序的哪一段阶段?是该阶段的什么内容?(20分)
6	A市某城市规划工程项目经过所在地省级交通主管部门批准试运营,试运营期为一年	请问该项目是基建程序的哪一段阶段?是该阶段的什么内容?(20分)
任务评价		总分:100分　　　　得分:_____

目 标 测 评

	1. 知识测评		
序号	评分标准	配分	得分
1	了解交通运输行业公路建设与保护常用法律法规	15	
2	了解公路建设关系主体及责任和义务	20	
3	掌握公路建设程序	25	
4	本模块（P43）的"知识巩固"得分	40	换算得分_____
	总分	100	

	2. 技能测评			
序号	技能点	任务工单	配分	得分
1	熟悉免责、违约、履行	任务工单 1-1-1	30	
2	分析事件相关责任	任务工单 1-2-1	40	
3	熟悉公路建设程序	任务工单 1-3-1	30	
	总分		100	

注：换算得分的算法。

例如，任务工单 1 得分为 80 分，配分为 10 分，则换算得分即为：$80 \times 10\% = 8$ 分。

总体目标测评_____

模块二　公路建设招投标法律法规

交通运输是国民经济中具有基础性、先导性、战略性的产业，是重要的服务性行业和现代化经济体系的重要组成部分，是构建新发展格局的重要支撑和服务人民美好生活、促进共同富裕的坚实保障。随着高速公路的发展，极大提高了我国公路网的整体技术水平，我国公路事业逐渐朝着更加公平、公正的开放性竞争市场发展。《公路工程建设项目招标投标管理办法》已全面贯彻落实，有效保障了公路工程的建设质量，促进了我国交通行业的稳定发展。

在公路建设招标投标活动中，主要涉及的法律法规有：《中华人民共和国招标投标法》《公路工程建设项目招标投标管理办法》《公路工程勘察设计招标投标管理办法》《公路工程施工监理招标投标管理办法》《经营性公路建设项目投资人招标投标管理规定》等。

本模块从公路建设项目招标、公路建设项目投标以及公路建设项目开标、评标与中标等方面了解并认知相关的法律法规，引导学习者树立正确的公路建设项目招投标意识行为，规范在公路建设项目中招投标工作管理，为我国公路事业发展打下坚实的基础。

学习目标

知识目标	1. 了解公路建设招投标及其分配方式； 2. 掌握公路建设招标、投标的基本程序及要求； 3. 熟悉公路建设项目的开标、评标与中标
能力目标	1. 能正确运用公路工程建设招标投标的程序和要求； 2. 能根据评标委员会的组成和相关规定识别违规违纪行为

任务1 公路建设项目招标

思维导图

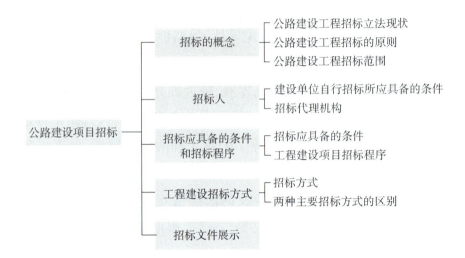

任务描述

2.工程项目招标—
任务描述

某县交通运输局拟新建一条二级公路,施工图预算为27500万元,划分为两个施工标段,采用公开招标方式选择施工企业。

为了保证本省企业的利益,招标人发布的招标文件对投标单位作了地域规定,必须为本省企业。

问题: 本任务中招标人的做法是否合法,为什么?

任务分析

分析在公路工程施工招标中对投标人作地域规定是否合法。

1. 找出本案例适用的法律法规;
2. 在适用的法律法规中找出与本案例相关的规定;
3. 根据找出的规定,对本案例所提问题进行解答。

理论知识

一、招标的概念

招标是指建设工程或进行大宗商品交易时,公布标准和条件,招人承包或承买的行为。公路建设工程招标是指公路工程建设项目招标人提出招标项目,并将招标文件发布公告,以法定方式吸引承包单位参加竞争,从中择优选择工程建设承包人的法律行为。

(一)公路建设工程招标立法现状

我国招标法律法规主要有《中华人民共和国招标投标法》《中华人民共和国招标投标法实施条例》《中华人民共和国政府采购法》。

> (1)《中华人民共和国招标投标法》(以下简称《招标投标法》)1999年8月30日第九届全国人民代表大会常务委员会第十一次会议通过,根据2017年12月27日第十二届全国人民代表大会常务委员会第三十一次会议《关于修改〈中华人民共和国招标投标法〉、〈中华人民共和国计量法〉的决定》修正;
>
> (2)《中华人民共和国招标投标法实施条例》(以下简称《招标投标法实施条例》)2011年12月20日中华人民共和国国务院令第613号公布,根据2019年3月2日《国务院关于修改部分行政法规的决定》第三次修订;
>
> (3)《中华人民共和国政府采购法》2002年6月29日第九届全国人民代表大会常务委员会第二十八次会议通过,根据2014年8月31日第十二届全国人民代表大会常务委员会第十次会议《关于修改〈中华人民共和国保险法〉等五部法律的决定》修正。

为规范公路工程建设项目招标投标活动,完善公路工程建设市场管理,交通运输部根据《中华人民共和国公路法》《中华人民共和国招标投标法》《中华人民共和国招标投标法实施条例》等法律、行政法规对《公路工程施工招标投标管理办法》(交通部令2006年第7号)、《公路工程勘察设计招标投标管理办法》(交通部令2001年第6号)、《公路工程施工监理招标投标管理办法》(交通部令2006年第5号)和《关于修改〈公路工程勘察设计招标投标管理办法〉的决定》(交通运输部令2013年第3号)等13个公路工程招标投标规章、通知、办法等进行整合、修订、重新编制形成了《公路工程建设项目招标投标管理办法》(于2015年12月2日经第23次部务会议通过,2015年12月8日交通运输部令2015

年第 24 号发布,自 2016 年 2 月 1 日起施行)。

在我国境内从事公路工程建设项目勘察设计、施工、施工监理等的招标投标活动,必须适用《公路工程建设项目招标投标管理办法》。

(二)公路建设工程招标的原则

《招标投标法》第五条规定:"招标投标活动应当遵循公开、公平、公正和诚实信用的原则。"这些原则是招标活动的基本准则,如图 2-1-1 所示。

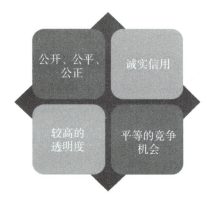

图 2-1-1　招投标遵循的原则

1. 公开、公平、公正

①公开原则就是要求招标投标活动具有较高的透明度,使每一个投标人获得同等的信息,公开原则是公平、公正和诚实信用原则的基础。

②公平原则就是要给每一个投标人平等的竞争机会,使其享有同等的权利并履行相应的义务,不得歧视任何一方。

③公正原则就是在评标过程中严格按照事先确定和公布的评标办法对待所有的投标人。

2. 诚实信用

诚实信用是民事活动的一项基本原则。这要求参与招标投标活动的当事人始终坚持诚实、守信的原则,在主张自己权利的同时,应当以尊重他人或对方的权益为基础,切实履行自己的义务,保守他人或对方的商业秘密。

(三)公路建设工程招标范围

公路建设工程招标范围详见表 2-1-1

公路建设工程招标范围　　　　表 2-1-1

可以不进行招标的项目	必须进行招标的项目
《公路工程建设项目招标投标管理办法》第二章招标第九条规定,有下列情形之一的公路工程建设项目,可以不进行招标:	《招标投标法》第三条规定,在中华人民共和国境内进行下列工程建设项目包括项目的勘察、设计、施工、监理以及与工程建设有关的重要设备、材料等的采购,必须进行招标:

续上表

可以不进行招标的项目	必须进行招标的项目
（1）涉及国家安全、国家秘密、抢险救灾或者属于利用扶贫资金实行以工代赈、需要使用农民工等特殊情况； （2）需采用不可替代的专利或者专有技术； （3）采购人自身具有工程施工或者提供服务的资格和能力，且符合法定要求； （4）已通过招标选定的特许经营项目投资人依法能够自行施工或者提供服务； （5）需要向原中标人采购工程或者服务，否则将影响施工或者功能配套要求； （6）国家规定的其他特殊情形	（1）大型基础设施、公用事业等关系社会公共利益、公众安全的项目； （2）全部或者部分使用国有资金投资或者国家融资的项目； （3）使用国际组织或者外国政府贷款、援助资金的项目
	《必须招标的工程项目规定》经国务院批准，于2018年3月27日公布，自2018年6月1日起施行，第五条规定：强制性招标的项目： （1）项目总投资额3000万元人民币以上的公路工程项目； （2）工程单项合同估算价400万元人民币以上的公路工程施工项目； （3）重要设备、材料等货物的采购，单项合同估算价在200万元人民币以上的项目； （4）勘察、设计、监理等服务的采购，单项合同估算价在100万元人民币以上的项目
注：招标人不得为适用前款规定弄虚作假，规避招标	注：任何单位和个人不得将依法必须进行招标的项目化整为零或者以其他任何方式规避招标

小贴士

根据《公路工程建设招标投标管理办法》第二章第二十条："招标人应当合理划分标段、确定工期，提出质量、安全目标要求，并在招标文件中载明。标段的划分应当有利于项目组织和施工管理、各专业的衔接与配合，不得利用划分标段规避招标、限制或者排斥潜在投标人。"

招标人可以实行设计施工总承包招标、施工总承包招标或者分专业招标。

二、招标人

根据《公路工程建设招标投标管理办法》第二章第七条："公路工程建设项目招标人是提出招标项目、进行招标的项目法人或者其他组织。"根据这一规定，在我国进行建设工程招标的只能是具备一定条件的建设单位或招标代理机构，任何欲进行工程建设的个人不得进行招标。

（一）建设单位自行招标所应具备的条件

根据我国《工程建设项目自行招标试行办法》规定，建设单位实施招标，应具备下列条件：

(1) 具有项目法人资格(或者法人资格)；

(2) 具有与招标项目规模和复杂程度相适应的工程技术、概预算、财务和工程管理等方面专业技术力量；

(3) 有从事同类工程建设项目的经验；

(4) 拥有3名以上取得招标职业资格的专职招标业务人员；

(5) 熟悉和掌握招标投标法及有关法规法章。

《招标投标法》第十二条规定，"招标人有权自行选择招标代理机构，委托其办理招标事宜。任何单位和个人不得以任何方式为招标人指定招标代理机构。"不具备上述规定条件的建设单位，应当委托具有相应资格的招标代理机构办理招标事宜。

（二）招标代理机构

1. 招标代理机构概念

招标代理机构是依法设立、从事招标代理业务并提供相关服务的社会中介组织。其资格证样本如图2-1-2所示。

图2-1-2 代理机构资格证样本

我国是从八十年代开始推行招标活动，相应的招标代理机构也才开始出现。中国技术进出口总公司国际招标公司(后改为中技国际招标有限公司)是我国第一家招标代理机构。目前，全国专业从事招标代理业务的机构已有数百家，还有一些建设工程咨询、监理咨询单位也可以进行建设工程招标代理业务。

2.招标代理机构必须具备的条件

根据《招标投标法》第十三条规定,招标代理机构应当具备相应条件。具体如下:

(1)有从事招标代理业务的营业场所和相应资金。

具有从事招标代理业务的营业场所和相应资金是招标代理机构开展业务所必须的条件,也是招标代理机构成立的外部条件。

营业场所是提供代理服务的固定地点。

相应资金是开展代理业务所必要的资金。对于科技开发、咨询服务性公司的注册资金不得少于10万元。

(2)有能编制招标文件和组织评标的相应专业力量。

能够编制招标文件和组织评标,既是衡量招标人自行办理招标事宜的标准,也是招标代理机构必须具备的实质要件。

三、招标应具备的条件和招标程序

(一)招标应具备的条件

根据《招标投标法》第九条规定:"招标项目按照国家有关规定需要履行项目审批手续的,应当先履行审批手续,取得批准。招标人应当有进行招标项目的相应资金或者资金来源已经落实,并应当在招标文件中如实载明。"

《工程建设项目施工招标投标办法》第八条规定,依法必须招标的工程建设项目,应当具备下列条件才能进行施工招标:

(1)招标人已经依法成立;

(2)初步设计及概算应当履行审批手续的,已经批准;

(3)有相应资金或资金来源已经落实;

(4)有招标所需的设计图纸及技术资料。

我国对招标投标的管理分为三个方面:对招标投标项目的管理、对招标投标参与方的管理、对招标投标的活动管理。

(二)工程建设项目招标程序

(1)根据《招标投标法》第二十七条规定:投标人应当按照招标文件的要求编制投标文件。投标文件应当对招标文件提出的实质性要求和条件作出响应。

招标项目属于建设施工的,投标文件的内容应当包括拟派出的项目负责人与主要技术人员的简历、业绩和拟用于完成招标项目的机械设备等。

（2）根据《招标投标法》第四十六条规定：

招标人和中标人应当自中标通知书发出之日起三十日内，按照招标文件和中标人的投标文件订立书面合同。招标人和中标人不得再行订立背离合同实质性内容的其他协议。

招标文件要求中标人提交履约保证金的，中标人应当提交。

（3）工程建设项目招标程序详见图2-1-3。

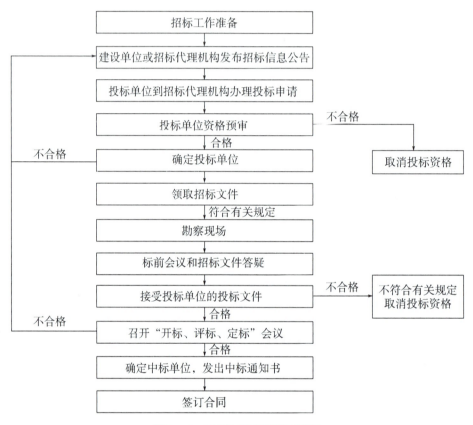

图2-1-3　工程建设项目招标程序

四、工程建设招标方式

（一）招标方式

招标方式，是指招标单位与投标单位如何联系的方式、方法，分为公开招标和邀请招标。

1. 公开招标

公开招标是指招标人以招标公告的方式邀请不特定的法人或者其他组织投标。

依法必须进行招标项目的招标公告,应当通过国家指定的报刊、信息网络或者其他媒介发布。

《招标投标法实施条例》第八条明确规定,国有资金占控股或者主导地位的依法必须进行招标的项目应当公开招标。

2．邀请招标

邀请招标是指招标人以投标邀请书的方式邀请特定的法人或其他组织投标。

《招标投标法》第十七条规定:"招标人采用邀请招标方式的,应当向三个以上具备承担招标项目的能力、资信良好的特定的法人或者其他组织发出投标邀请书"。

《招标投标法》第十一条规定:"国务院发展计划部门确定的国家重点项目和省、自治区、直辖市人民政府确定的地方重点项目不适宜公开招标的,经国务院发展计划部门或省、自治区、直辖市人民政府批准,可以进行邀请招标"。

《招标投标实施条例》第八条规定:

有下列情形之一的,可以邀请招标:

①技术复杂、有特殊要求或者受自然环境限制,只有少量潜在投标人可供选择;

②采用公开招标方式的费用占项目合同金额的比例过大。

(二) 两种主要招标方式的区别

公开招标和邀请招标的区别见表2-1-2。

公开招标和邀请招标的区别　　表2-1-2

不同之处	公开招标	邀请招标
发布信息方式不同	公开招标采用公告的形式发布	邀请招标采用投标邀请书的形式发布
选择的范围不同	公开招标因使用招标公告的形式,针对的是一切潜在对招标项目感兴趣的法人或其他组织,招标人事先不知道投标人的数量	邀请招标针对已经了解的法人或其他组织,而且事先已经知道投标人的数量
竞争的范围不同	由于公开招标使所有符合条件的法人或其他组织都有机会参加投标,竞争的范围较广,竞争性体现得也比较充分,招标人拥有绝对的选择余地,容易获得最佳招标效果	邀请招标中投标人的数目有限,竞争的范围有限,招标人拥有的选择余地相对较小,有可能提高中标的合同价,也有可能将某些在技术上或报价上更有竞争力的供应商或承包商遗漏
公开的程度不同	公开招标中,所有的活动都必须严格按照预先指定并为大家所知程序标准公开进行,大大减少了作弊的可能	邀请招标的公开程度逊色一些,产生不法行为的机会也就多一些
时间和费用不同	公开招标的程序比较繁琐,从发布公告,投标人作出反应,评标,到签订合同,有许多时间上的要求,要准备许多文件,因而耗时较长,费用也比较高	邀请招标不发公告,招标文件只送几家,使整个招投标的时间大大缩短,招标费用也相应减少

五、招标文件展示

1. 招标文件封面

招标文件封面包含项目名称、招标编号、招标人、代理机构名称、日期等,如图 2-1-4 所示。

图 2-1-4　招标文件封面样本

2. 招标文件内容(目录)

招标文件内容(目录)包含招标公告、投标人须知、评标办法、合同条款与格式、工程量清单等内容,如图 2-1-5 所示。

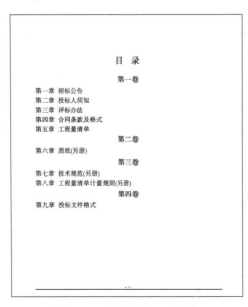

图 2-1-5　招标文件目录样本

3. 招标文件(具体内容)

招标文件(具体内容),如图2-1-6所示。

第一章 招标公告

贵阳至黄平高速公路延伸段项目施工
招标公告

1、招标条件

贵阳至黄平高速公路延伸段工程项目已由贵州省发展和改革委员会以黔发改交通(2021)433号批准建设，由贵州省交通运输厅以黔交许可建字（2021）第193号文件批准初步设计，由贵州省交通运输厅以黔交审批（2021）54号文件批复施工图设计。建设资金来自业主自筹和国内银行贷款（资金来源），出资比例为20%：80%。项目业主为贵州高速公路集团有限公司，招标代理机构为贵州富通工程咨询有限公司。项目已具备招标条件，现对该项目的施工总承包进行公开招标。本次招标采用资格后审方式，双信封综合评分法。

2、项目概况与招标范围

2.1 项目建设地点和规模

贵阳至黄平高速公路延伸段项目起于永乐乡冯家庄，与已建的贵阳环城高速公路尖坡至小碧段呈“十”字枢纽交叉并顺接在建的贵阳至黄平高速公路，向西进入贵阳市区，在乐湾国际南侧设置主线收费站，出收费站后设置乐湾枢纽互通连接北京东路，路线全长8.331公里。

本项目全线采用双向八车道高速公路标准，设计速度80公里/小时：整体式路基宽度39.5米、分离式路基宽度2×19.75米：桥涵设计汽车荷载等级采用公路-Ⅰ级。主线共设桥梁2304.25米/9座，其中大桥2174.75米/6座、中桥129.5米/3座，设隧道1002.5米/1座，设冯家庄（枢纽）和乐湾（枢纽）2处互通式立交，设主线收费站1处。

2.2 本次招标范围：含路基、路面、桥涵隧、机电、交安、绿化、房建等施工工程，全线设1个施工总承包标段。详见下表：

起点桩号	终点桩号	里程长度（Km）	标段工作内容
K0+000	K8+016.412	8.331	路基土石方354万 m^3；沥青混凝土路面33.5万 m^2；设枢纽互通2处，即冯家庄互通立交、乐湾互通立交；共设大中桥2304.25米/9座；设长隧道1002.5米/1座；管理、养护、服务房建工程9224 m^2。主要工作内容为贵黄高速公路延伸段全线的路基、路面、桥涵隧、机电、交安、绿化、房建等施工工程。

2.3 计划工期：1095日历天，计划开工时间2022年5月1日，计划交工时间2025年4月30日（实际开工时间以开工令下达的时间为准）。

3、投标人资格要求

-6-

图2-1-6 招标文件具体内容样本

任务实施

回答“任务描述”问题:本案例中招标人的做法是否合法?

1. 分析所涉及的法律法规

本案例涉及的法律法规主要是《招标投标法》。

2. 工程项目招标——任务实施

2. 选择合适的法律法规条款

《招标投标法》第五条规定:“招标投标活动应当遵循公开、公平、公正和诚实信用的原则”。第六条规定:“依法必须进行招标的项目,其招标投标活动不受地区或者部门的限制。任何单位和个人不得违法限制或者排斥本地区、本系统以外的法人或者其他组织参加投标,不得以任何方式干涉招标投标活动"。

3. 本案例结论

本事件中招标人对投标人的地域进行规定,违反了"招标投标活动应当遵循公开、公平、公正和诚实信用的原则",对省外投标人有地域歧视,所以招标人的做法不合法。

工程案例

案例描述

某县交通运输局需改建长 5km 的县道,预算金额为 3600 万元,工期预计为 10 个月。该县 A 路桥公司了解到此信息后主动联系交通运输局,并对其提出如下优惠条件:

(1)在预算金额的基础上打 8 折;

(2)向国庆献礼,工期压缩到 9 个月;

(3)工程竣工验收达到优良工程标准。

面对如此优惠条件及考虑到 A 路桥公司在当地的口碑很好,交通运输局研究决定将该公路项目承包给 A 路桥公司,为了在招投标阶段能有效控制中标人为 A 路桥公司,决定采用邀请招标的方式进行招标。

案例问题

该交通运输局的做法是否合法,为什么?

案例分析

步骤	找问题	分析
第一步	分析该案例涉及的法律问题	从事件描述来看,是"招标方式选择"的问题
第二步	选择合适的法律条款	《招标投标法实施条例》第八条规定:"国有资金占控股或者主导地位的依法必须进行招标的项目应当公开招标"

案例结论

该项目建设单位是交通运输局,其建设资金属于国有资金,所以应当采用公开招标;而交通运输局却采用了邀请招标的方式,所以其做法违反了《招标投标法实施条例》。

技能训练

根据学习内容和案例,熟悉招标程序、招标原则,完成本任务工单 2-1-1。

	熟悉招标程序、招标原则	任务工单 2-1-1
任务1描述	某建设单位在一次大型工程项目的招标活动中,根据《招标投标法》的要求安排了以下招标程序:①成立招标组织;②签收投标文件;③编制招标文件和标底;④发布招标公告	
任务1开展	判断以上招标单位对该项目的招标程序是否正确?如不正确,请拟定正确的招标程序。(60分)	
任务2描述	某建设单位进行公开施工招标,要求投标企业为三级以上资质。 共有13家单位报名参加,其中3家为私有企业(资质为二级),在资格预审时,有人提出不用私人企业	
任务2开展	该说法是否正确?请说明你的观点和依据?(40分)	
任务评价	总分:100分 得分:_____	

任务 2　公路建设项目投标

思维导图

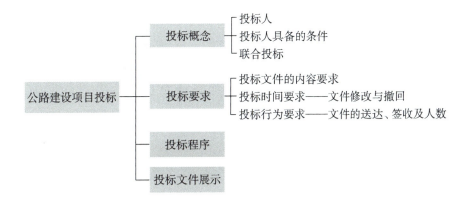

任务描述

3.工程项目投标——任务描述

某公路建设项目公开招标,发布了招标公告。

甲承包商在投标截止日期前一天的上午将投标文件报送给招标单位,当天下午,该承包商又递交了一份补充材料,声明将原报价降低5%,但是招标单位有关人员认为,一个承包商不得提交两份投标文件,因而拒收承包商的补充材料。

问题:在该事件中,招标单位拒收承包商的补充材料是否正确?为什么?

任务分析

1. 首先找出本案例适用的法律法规;
2. 在适用的法律法规中找出与本案例相关的规定;
3. 在找出的相关规定中选出适用本案例的具体条款,并对案例所提问题进行解答。

理论知识

一、投标概念

投标是指投标人按招标文件的规定编制投标文件,并在招标文件规定时间内将投标文件送达指定地点并递交给招标单位,争取中标的法律行为。

(一)投标人

《招标投标法》第二十五条规定:投标人是响应招标、参加投标竞争的法人或者其他组织。

(二)投标人具备的条件

《招标投标法》第二十六条规定:投标人应当具备承担招标项目的能力;国家有关规定对投标人资格条件或者招标文件对投标人资格条件有规定的,投标人应当具备规定的资格条件。

参加投标活动必须具备一定的条件,不是所有感兴趣的法人或其他组织都可以参加投标。投标人通常应当具备下列条件:

①与招标文件要求相适应的人力、物力和财力；

②招标文件要求的资质证书和相应的工作经验与业绩证明；

③法律、法规规定的其他条件。

投标人在向招标人提出投标申请时,应按招标文件要求提供投标资格的资料,以供招标人审查,资料应表明自己存在的合法地位、资质等级、技术装备水平、资金与财务状况、近期经营状况及与招标工程项目类似的业绩。

(三) 联合投标

《招标投标法》第三十一条规定：

两个以上法人或者其他组织可以组成一个联合体,以一个投标人的身份共同投标。

(1) 联合体各方均应当具备承担招标项目的相应能力。

(2) 联合体各方均应当具备规定的相应资格条件。

(3) 由同一专业的单位组成的联合体,按照资质等级较低的单位确定资质等级。

(4) 联合体各方应当签订共同投标协议,明确约定各方拟承担的工作和责任,并将共同投标协议连同投标文件一并提交招标人。

(5) 联合体中标的,联合体各方应当共同与招标人签订合同,就中标项目向招标人承担连带责任。

(6) 招标人不得强制投标人组成联合体共同投标,不得限制投标人之间的竞争。

《招标投标法实施条例》第三十七条规定：

招标人应当在资格预审公告、招标公告或者投标邀请书中载明是否接受联合体投标。

(1) 招标人接受联合体投标并进行资格预审的,联合体应在提交资格预审申请文件前组成。

(2) 资格预审后联合体增减、更换成员的,其投标无效。

(3) 联合体各方在同一招标项目中以自己名义单独投标或者参加其他联合体投标的,相关投标均无效。

在工程实践中,尤其是在国际工程承包中,联合投标是实现不同投标人优势互补,跨越地区和国家市场屏蔽的有效方式。

二、投标要求

(一) 投标文件的内容要求

《招标投标法》第二十七条规定：

图 2-2-1　投标文件样本

投标人应当按照招标文件的要求编制投标文件。投标文件应当对招标文件提出的实质性要求和条件作出响应。

招标项目属于建设施工的,投标文件的内容应当包括拟派出的项目负责人与主要技术人员的简历、业绩和拟用于完成招标项目的机械设备等。

投标文件样本如图 2-2-1 所示。

2013 年 3 月 11 日,国家发展和改革委员会等 9 部门发布《〈标准施工招标资格预审文件〉和〈标准施工招标文件〉暂行规定》进一步明确资格预审申请文件的内容,也即投标文件内容,详见表 2-2-1。

资格预审申请文件内容　　　　表 2-2-1

序号	内容
1	资格预审申请函
2	法定代表人身份证明或附有法定代表人身份证明的授权委托书
3	联合体协议书
4	申请人基本情况表
5	近年财务状况表
6	近年完成的类似项目情况表
7	正在施工和新承接的项目情况表
8	近年发生的诉讼及仲裁情况
9	投标人须知前附表规定的其他材料

小贴士

"投标人须知"前附表规定"不接受联合体投标的"或投标人没有组成联合体的,投标文件不包括联合体协议书。

(二) 投标时间要求——文件修改与撤回

《招标投标法》第二十九条规定:

(1)投标人在招标文件要求提交投标文件的截止时间前,可以补充、修改或者撤回已提交的投标文件,并书面通知招标人。

(2)补充、修改的内容为投标文件的组成部分。

《招标投标法实施条例》第三十五条规定:

投标人撤回已提交的投标文件,应当在投标截止时间前书面通知招标人。

(三)投标行为要求——文件的送达、签收及人数

《招标投标法》第二十八条规定：

(1)投标人应当在招标文件要求提交投标文件的截止时间前,将投标文件送达投标地点。

(2)招标人收到投标文件后,应当签收保存,不得开启。

(3)投标人少于三个的,招标人应当依本法重新招标。

(4)在招标文件要求提交投标文件的截止时间后送达的投标文件,招标人应当拒收。

《招标投标法实施条例》第三十六条规定：

(1)未通过资格预审的申请人提交的投标文件,以及逾期送达或者不按照招标文件要求密封的投标文件,招标人应当拒收。

(2)招标人应当如实记载投标文件的送达时间和密封情况,并存档备查。

三、投标程序

投标的一般程序如图 2-2-2 所示。

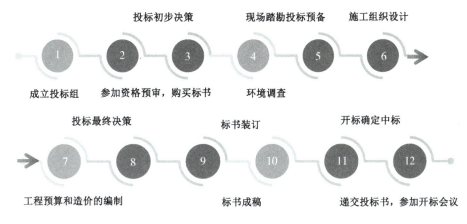

图 2-2-2 投标的一般程序

四、投标文件展示

(1)投标文件封面,包含:项目名称、投标人(单位名称)、投标日期等,如图 2-2-3 所示。

(2)招标文件内容(目录),如图 2-2-4 所示。

(3)招标文件具体内容,如图 2-2-5 所示。

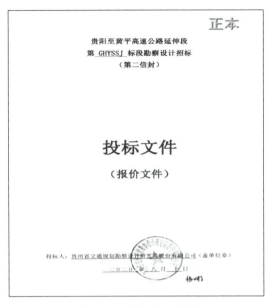

正本

贵阳至黄平高速公路延伸段
第 GHYSSJ 标段勘察设计招标
（第二信封）

投标文件
（报价文件）

投标人：贵州省交通规划勘察设计研究院股份有限公司（盖单位章）
二〇二〇年八月十日

图 2-2-3　投标文件封面

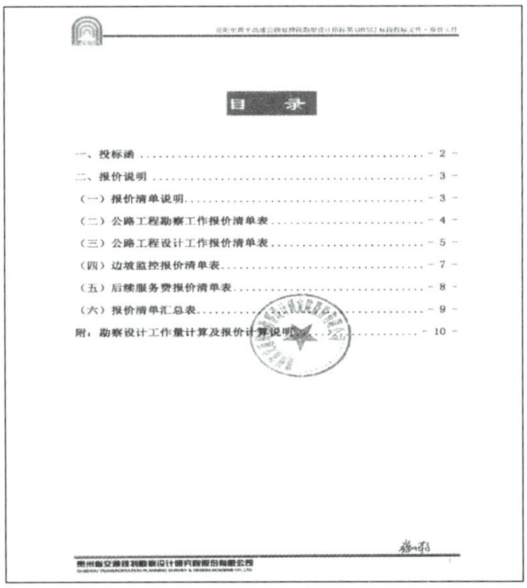

目　录

贵州省交通规划勘察设计研究院股份有限公司

图 2-2-4　投标文件目录

一、投标函

贵州高速公路集团有限公司（招标人全称）：

1. 我方已仔细研究 贵阳至黄平高速公路延伸段勘察设计招标 （项目名称）GHYSSJ 标段勘察设计招标文件的全部内容（含补遗书第 01 号至第 01 号）后，根据分析计算，愿意以人民币（大写）[illegible]元（¥[illegible]元）的投标总报价（或根据招标文件规定修正核实后确定的另一金额），按合同约定完成勘察设计工作。

2. 在合同协议书正式签署生效之前，本投标函连同你方的中标通知书将构成我们双方之间共同遵守的文件，对双方具有约束力。

3. 无 （其他补充说明）。

投标人：贵州省交通规划勘察设计研究院股份有限公司（盖单位章）

法定代表人或其委托代理人：＿＿＿＿（签字）

地　址：贵州省贵阳市贵阳国家高新技术产业开发区阳关大道附 100 号

网　址：http://www.gzjtsjy.com/

电　话：0851-85874605

传　真：0851-85874605

邮政编码：550081

2020 年 8 月 10 日

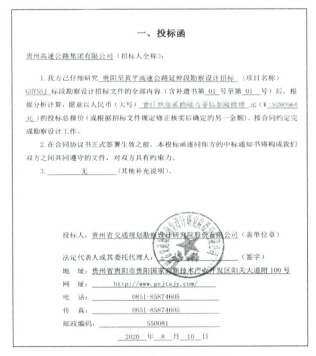

图 2-2-5　投标文件具体内容

任务实施

3. 工程项目投标——任务实施

回答“任务描述”问题：招标单位拒收承包商的补充材料是否正确？

1. 分析本案例所涉及的法律法规

本案涉及的法律法规主要是《招标投标法》《招标投标法实施条例》《公路工程建设项目招标投标管理办法》。

2. 选择合适的法律法规

本案例是关于投标时间的,按照《招标投标法》《公路工程建设项目招标投标管理办法》相关规定:

招标人对投标人按时送达并符合密封要求的投标文件,应当签收,并妥善保存。招标人不得接受未按照要求密封的投标文件及投标截止时间后送达的投标文件。

3. 本案例结论

本案例是一起对投标补充协议递交争议的案例。

在《公路工程建设项目招标投标管理办法》中规定:"投标文件在投标截止时间前送达,并符合密封要求的,招标人应当签收"。故在投标截止日期前的任何一天,承包商都可以递交投标文件,也可以对投标文件作出补充或修改,招标单位不得拒收。

工程案例

案例描述

甲路桥公司是公路施工总承包一级资质,乙路桥公司是公路施工总承包二级资质,乙路桥公司为了能有资质升级所要求的业绩,就与甲路桥公司组成一个联合体进行施工投标,招标文件要求投标资质等级不同,投标保证金的金额不同,特级0元、一级20万元、二级40万。甲、乙两路桥公司按一级资质缴纳了20万元的投标保证金,在投标文件递交时,招标单位因甲、乙两路桥公司联合体单位未按招标文件足额缴纳投标保证金拒收其投标文件。

案例问题

招标单位的做法是否正确?为什么?

案例分析

步骤	找问题	分析
第一步	分析该案例涉及的法律问题	从事件描述来看,是"联合体投标资质问题"的问题
第二步	选择合适的法律条款	根据《招标投标法》第三十一条规定分析可知: (1)两个以上法人或者其他组织可以组成一个联合体以一个投标人的身份共同投标。 (2)由同一专业的单位组成的联合体,按照资质等级较低的单位确定资质等级

案例结论

甲、乙两路桥公司均是公路施工资质,是同一专业,根据规定这两个公司组成联合体投标时,按照资质等级较低的单位确定资质等级,即按乙路桥公司的二级资质认定,所以应缴纳 40 万元的投标保证金,此联合体只交了 20 万元,不满足招标文件要求,招标单位的做法是正确的。

技能训练

根据学习内容和案例,熟悉投标程序、联合体投标原则,完成本任务工单 2-2-1。

熟悉投标程序、联合体投标原则　　　　任务工单 2-2-1

任务1描述	某大型公路工程,由于包含大型桥梁隧道,导致技术特别复杂,对施工单位的施工设备及同类工程的施工经验要求较高,经省有关部门批准后决定采取邀请招标方式。招标人于 2017 年 10 月 8 日向通过资格预审的甲、乙、丙、丁、戊五家施工承包企业发出了投标邀请书,招标文件规定 2017 年 11 月 20 日下午 4 时为投标截止时间。在 2017 年 11 月 20 日,上午甲、乙、丁、戊四家企业提交了投标文件,但丙企业于 2017 年 11 月 20 日下午 5 时才送达。
任务1开展	该案例中能参与投标的有哪几家企业?为什么?(50 分)
任务2描述	某建设工程招标公告中,对投标人资格条件要求为:①本次招标的资质要求是为房屋建筑工程施工总承包二级及以上资质;②有三个及以上同类工程业绩,并在人员、设备、资金等方面具有相应的施工能力;③本次招标接受联合体投标。在招标公告发出后,一些建筑公司包括 A、B 两公司都想参加此次投标。A 建筑公司具有房屋建筑工程施工总承包一级资质,且具有多个同类工程业绩;B 建筑公司具有房屋建筑工程施工总承包二级资质,但同类工程业绩少。但 A 建筑公司目前资金比较紧张,而 B 建筑公司则担心由于自己的业绩一般,在投标中会处于劣势。因此,两公司协商组成联合体进行投标。在评标过程中,该联合体的资质等级被确定为房屋建筑工程施工总承包二级;评标办法中将资质等级列为一项计算得分的项目。根据评标办法中的计算方法,该联合体得分略低于另外一家一级资质的投标人,遗憾地失去了中标机会。该联合体不服,就资质等级问题提出异议,特别是 A 公司认为中标的那家公司在以往业绩和业内影响等均不如本公司。
任务2开展	我国法律法规对联合体投标的资格有何规定?联合体的资质等级如何确定?(50 分)
任务评价	总分:100 分　　　　得分:_____

任务 3　开标、评标与中标

思维导图

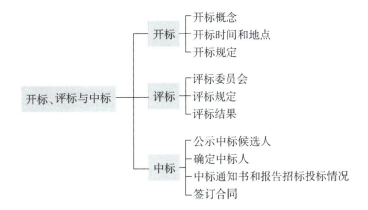

任务描述

某厂对1000万元的系统集成项目进行公开招标。发布公告后，有7家实力相当的本地和外地企业前往投标。考虑到本项目的特殊性，采购人希望本地企业中标，确保硬件售后服务及软件升级维护方便和及时。于是，成立了一个5人评标委员会，其中3人是采购人代表，其余两人分别为技术、经济专家。通过正常的开标、评标程序，最终确定了本地一家企业作为中标候选人。

问题：该事件中是否有不妥之处？请说明理由

4.工程开标、评标与中标—任务描述

任务分析

1. 找出本案例适用的法律法规；
2. 在适用的法律法规中找出与本案例相关的规定；
3. 在找出的相关规定中选出适用本案例的具体条款，并对案例所提问题进行解答。

理论知识

一、开标

（一）开标概念

开标是指招标人依据招标文件的时间、地点，当众开启所有投标人提交的投标文件，公开宣布投标人的姓名、投标报价和其他主要内容的行为。

（二）开标时间和地点

《招标投标法》第三十四条规定：

(1) 开标应当在招标文件确定的提交投标文件截止时间的同一时间公开进行；

(2) 开标地点应当为招标文件中预先确定的地点。

由以上规定可知，招标文件截止时间即是开标时间，它一般都精准至某年某月某日某时某分。

小贴士

《招标投标法》第三十四条之所以这样规定，主要原因如下：

(1) 避免开标与投标截止时间之间存在时间间隔，可以防止泄露投标信息等违法行为的发生。

(2) 开标地点在招标文件明确规定，有利于投标人准时参加开标，更好地维护其合法权益。

（三）开标规定

1. 参加人

根据《招标投标法》第三十五条规定："开标由招标人主持，邀请所有投标人参加。"

(1) 招标人作为整个招标活动的发起者和组织者，应当负责开标。

(2) 开标应当按照规定的时间、地点公开进行并且通知所有的投标人参加。

(3) 投标人参加开标是自愿的，但是招标人必须通知其参加，否则将因程序不合法而引起争议,甚至承担赔偿义务。

(4)招标人不得只通知部分投标人参加开标。

2. 标书密封,现场确定

开标时,由投标人或者其推选的代表检查投标文件的密封情况,也可以由招标人委托的公证机构检查并公证。

3. 当众宣读,记录备案

(1)投标文件的密封情况经确认无误后,由工作人员当众拆封,宣读投标人名称、投标价格和投标文件的其他主要内容。

(2)招标人在招标文件规定的截止时间前收到的所有投标文件,开标时都应当当众予以拆封、宣读。

(3)开标过程应当记录,并存档备查。

4. 投标人数规定

根据《招标投标法实施条例》第四十四条规定:

(1)招标人应当按照招标文件规定的时间、地点开标。

(2)投标人少于3个的,不得开标;招标人应当重新招标。

(3)投标人对开标有异议的,应当在开标现场提出,招标人应当当场作出答复,并制作记录。

开标过程应当记录,并存档备查,开标结束后,应编写一份开标会议纪要,其内容包括"开标日期、时间、地点、开标会议主持者、出席开标会议的全体工作人员名单、到场的投标人代表和各有关部门代表名单、截止时间前收到的标书、收到日期和时间及其报价一览表、迟到标书的处理"等等。开标的会议记录应送交包括建设单位、项目主管部门,如果是世界银行贷款项目,还应送交世界银行。

二、评标

评标是指招标人根据招标文件的要求,对投标人所报送的投标文件进行审查及评议,从中选出最佳投标人的过程。评标是一项重要而复杂的综合性工作,它是关系到整个招标过程是否体现公平竞争的原则,是招标结果能否使招标人得到最大效益的关键。

(一)评标委员会

评标由招标人依法组建的评标委员会负责。招标人应当采取必要的措施,保证评标在严格保密的情况下进行。任何单位和个人不得非法干预、影响评标的过程和结果。

1. 评标委员会组成

依法必须进行招标的项目,其评标委员会由招标人的代表和有关技术、经济等方面的专家组成,成员人数为五人以上单数,其中技术、经济等方面的专家不得少于成员总数的三分之二。

2. 评标委员会中专家的条件

评标专家应当具备以下条件:

(1)从事相关专业领域工作满八年并具有高级职称或者同等专业水平;

(2)熟悉有关招标投标的法律法规,并具有与招标项目相关的实践经验;

(3)能够认真、公正、诚实、廉洁地履行职责;

(4)身体健康,能够承担评标工作。

3. 评标委员会专家的回避制度

评标委员会作为独立实施评标职能的组织,其组成成员如与招标项目或投标人有利害关系,则不能进入相关项目的评标委员会。有下列情形之一的,不得担任评标委员会成员:

(1)投标人或者投标人主要负责人的近亲属。

(2)项目主管部门或者行政监督部门的人员。

(3)与投标人有经济利益关系,可能影响对投标公正评审的。

(4)曾因在招标、评标以及其他与招标投标有关活动中从事违法行为而受过行政处罚或刑事处罚的。

因此,评标委员会成员有上述情形之一的,应当主动提出回避;已经进入的应当更换;评标委员会成员的名单在中标结果确定前应当保密。

(二)评标规定

1. 评标标准

(1)评标时应严格按照招标文件确定的评标标准和方法,对投标文件进行评审和比较,设有标底的应参考标底。

(2)任何未在招标文件中列明的标准和方法均不得采用,对招标文件中已列明的标准和方法,不得有任何改变。

这是保证评标公平、公正的关键,也是国际通行的做法。

2. 独立评审

评标是招标人和评审委员会的独立活动，不应受外界的干预和影响，以免影响评标的公正。《招标投标法》第三十八条规定："招标人应当采取必要的措施，保证评标在严格保密的情况下进行。任何单位和个人不得非法干预、影响评标过程和结果"。

3. 投标文件澄清

（1）评标时，若发现投标文件中内容有含义不明确、不一致或者明显文字错误、计算错误等情形，评标委员会可以要求投标人对投标文件中不明确的内容做出必要的澄清和说明，以确认其正确的内容。

（2）投标人的澄清与说明，只能对上述问题解释和补正，它不能补充新的内容或更改投标文件中的报价、技术方案、工期、主要合同条款等实质性内容。

（3）澄清的要求及答复均应采用书面报告形式。

（4）投标人的答复必须有法定代表人或其授权代理人签字，并作为投标文件的组成部分。

4. 评标委员会职责

《招标投标法》第四十四条规定：

（1）评标委员会成员应当客观、公正地履行职务，遵守职业道德，对所提出的评审意见承担个人责任；

（2）评标委员会成员不得私下接触投标人，不得收受投标人的财物或者其他好处；

（3）评标委员会成员和参与评标的有关工作人员不得透露对投标文件的评审和比较、中标候选人的推荐情况以及与评标有关的其他情况。

（三）评标结果

评标完成后，评标委员会应当向招标人提交书面评标报告和中标候选人名单，并对中标候选人提出意见，根据不同情况，可能有三种不同意见：

1. 推荐中标候选人

评标委员会可在评标报告中推荐不超过3个的中标候选人，并标明排序，由招标人确定。

2. 直接确定中标人

在得到招标人授权的情况下，评标委员会可在评标报告中直接确定中标人。

3. 否决所有投标

经评审,评标委员会认为所有投标均不符合招标文件的要求,可否决所有投标。

三、中标

(一) 公示中标候选人

《招标投标法实施条例》第五十四条规定:

(1) 依法必须进行招标的项目,招标人应当自收到评标报告之日起 3 日内公示中标候选人,公示期不得少于 3 日。

(2) 投标人或者其他利害关系人对依法必须进行招标的项目的评标结果有异议的,应当在中标候选人公示期间提出。

(3) 招标人应当自收到异议之日起 3 日内作出答复;作出答复前,应当暂停招标投标活动。

(二) 确定中标人

《招标投标法实施条例》第五十五条规定:

(1) 国有资金占控股或者主导地位的依法必须进行招标的项目,招标人应当确定排名第一的中标候选人为中标人。

(2) 排名第一的中标候选人放弃中标、因不可抗力不能履行合同、不按照招标文件要求提交履约保证金,或者被查实存在影响中标结果的违法行为等情形,不符合中标条件的,招标人可以按照评标委员会提出的中标候选人名单排序依次确定其他中标候选人为中标人,也可以重新招标。

《招标投标法实施条例》第五十六条规定:"中标候选人的经营、财务状况发生较大变化或者存在违法行为,招标人认为可能影响其履约能力的,应当在发出中标通知书前由原评标委员会按照招标文件规定的标准和方法审查确认"。

(三) 中标通知书和报告招标投标情况

中标通知书是指招标人向中标的投标人发出告知中标的书面通知文件。

《招标投标法》第四十五条规定:

(1)中标人确定后,招标人应当向中标人发出中标通知书,并同时将中标结果通知所有未中标的投标人。

(2)中标通知书对招标人和中标人具有法律效力。

(3)中标通知书发出后,招标人改变中标结果的,或者中标人放弃中标项目的,应当依法承担法律责任。

《招标投标法》第四十七条规定:"依法必须进行招标的项目,招标人应当自确定中标人之日起十五日内,向有关行政监督部门提交招标投标情况的书面报告。"

(四)签订合同

《招标投标法》规定:

(1)招标人根据评标委员会提出的书面评标报告和推荐的中标候选人确定中标人。

(2)招标人和中标人应当自中标通知书发出之日起30日内,按照招标文件和中标人的投标文件订立书面合同。

(3)招标人和中标人不得再行订立背离合同实质性内容的其他协议。

《招标投标法实施条例》第五十条进一步规定:"招标人和中标人应当依照招标投标法和本条例的规定签订书面合同,合同上的标的、价款、质量、履行期限等主要条款应当与招标文件和中标人的投标文件相应内容一致"。

任务实施

回答"任务描述"问题:本案例中是否有不妥之处?请说明理由。

1. 分析本案例所涉及的法律法规

本案例涉及的法律法规主要是《招标投标法》《招标投标法实施条例》。

4.工程开标、评标与中标—任务实施

2. 选择合适的法律法规

本案例按照评标委员会组成的要求,按照《招标投标法》《招标投标法实施条例》相关规定:"依法必须进行招标的项目,其评标委员会由招标人的代表和有关技术、经济等方面的专家组成,成员人数为5人以上单数,其中技术、经济等方面的专家不得少于成员总数的三分之二。"

3. 本案例结论

根据规定"技术、经济等方面的专家不得少于三分之二",即5人中最少要有3人为非招标人代表,但该项目组建的5人评标委员会中招标人代表占3人,涉嫌控制评标结果,因此本案例中评标委员会组建属于违法违规行为。

工程案例

案例描述

连接A市会议中心的一条公路由A市市政府投资修建,A市城投公司为项目业主组织实施。因会议中心要在国庆节期间承接省里面的大型会议,工期紧,因此城投公司在进行该项目前期工作时,时间安排紧凑。在招投标阶段,于1月5日开标并评定完成,评标委员会也按规定出具了评标报告。城投公司在1月6日进行公示,中标公告写明,因项目时间紧,公示期到1月7日止。

案例问题

请问城投公司的做法是否有不妥之处?为什么?

案例分析

步骤	找问题	分析
第一步	分析该案例涉及的法律问题	从事件描述来看,是"中标公示"的问题
第二步	选择合适的法律条款	《招标投标法实施条例》第五十四条规定:"依法必须进行招标的项目,招标人应当自收到评标报告之日起3日内公示中标候选人,公示期不得少于3日。投标人或者其他利害关系人对依法必须进行招标的项目的评标结果有异议的,应当在中标候选人公示期间提出。招标人应当自收到异议之日起3日内作出答复;作出答复前,应当暂停招标投标活动。"

案例结论

根据条例规定,城投公司在收到评标报告的第二天对中标结果进行了公示,这个做法满足条例规定;但其公示期从1月6日到1月7日止,只有2天的公示期,不满足条例规定的"公示期不得少于3日"的规定,所以其违反了《招标投标法实施条例》。

技能训练

根据学习内容和案例,熟悉开标、投标程序及相关规定,完成本任务工单2-3-1。

熟悉开标、投标程序及相关规定   任务工单2-3-1

任务1描述	M市医院决定投资1亿兴建一栋现代化住院综合楼,其中土建工程采用公开招标的方式选定施工单位,共有13家单位报名参加。在开标时一家企业因路上堵车迟到30分钟(事先打过电话),一家企业标书未按规定加盖企业法人章

续上表

任务1开展	该事件中的企业能否继续参加开标会？为什么？最后共有几家企业可参与到正式评审中(50分)
任务2描述	某大型公路工程项目由政府投资建设，建设单位委托某招标代理公司代理施工招标。招标代理公司确定该项目采用公开招标方式招标，招标公告在当地政府规定的招标信息网上发布。项目施工招标信息发布后，共有12家潜在的投标人报名参加投标。业主认为报名参加投标的人数太多，为减少评标工作量，要求招标代理公司仅对报名的潜在投标人的资质条件、业绩进行资格审查。 开标后发现： (1)B投标人在开标后又提交了一份补充说明，提出可以降价5%； (2)E投标人与其他投标人组成了联合体投标，附有各方资质证书，但没有联合体共同投标协议书； (3)F投标人的投标价最高，故F投标人在开标后第二天撤回了其投标文件
任务2开展	分析案件中投标人的投标文件是否有效？请说明理由(50分)
任务评价	总分：100分　　　　　得分：_____

知 识 巩 固

序号	任务描述	任务开展
1	某军事基地需要建设 2800m² 的训练场地,投资金额为 2000 万	请问该项目应采用什么方式招标,为什么?(10分)
2	A 市某工程项目经过有关部门批准后,决定由建设单位自行组织施工公开招标。因估计除本市施工企业参加投标外,还可能有外省市施工企业参加,因此建设单位编制了两个标底进行招标	请问该建设单位做法是否正确?并说明理由。(10分)
3	某招标代理单位在接受某项目建设单位委托后根据工程的情况,编写了招标文件,其中的招标日程安排如下: (1)发布公开招标信息:2001 年 4 月 30 日; (2)公开接受施工企业报名:2001 年 5 月 4 日上午 9:00—11:00; (3)发放招标文件:2001 年 5 月 10 日上午 9:00; (4)答疑会:2001 年 5 月 10 日上午 9:00—11:00; (5)现场踏勘:2001 年 5 月 11 日下午 13:00; (6)投标截止:2001 年 5 月 16 日	以上公布信息有何不妥?请一一说明理由?(20分)
4	某高校对实习实训基地的改建工程招标,在投标文件截止时间送到的有 A、B、C 三家企业的投标文件。 评标过程中发现 B 家投标文件密封口没有加盖公章,也没有企业法人代表的委托书,故取消 B 单位的投标资格。 因 A 单位报价低,最终确定 A 为中标人	该招标事件中确定 A 单位为中标人是否妥当?为什么?(20分)
5	某综合楼工程项目的施工,经当地主管部门批准后,进行公开招标。 招标工作主要内容确定为:①成立招标工作小组;②发布招标公告;③编制招标文件;④编制标底;⑤发放招标文件;⑥组织现场踏勘和招标答疑;⑦招标单位资格审查;⑧接收投标文件;⑨开标;⑩确定中标单位;⑪评标;⑫签订承发包合同;⑬发出中标通知书	如果将上述招标工作内容的顺序作为招标工作先后顺序是否妥当?如果不妥,请写出正确顺序。(20分)

续上表

序号	任务描述	任务开展
6	某招标代理单位在接受某项目建设单位委托后根据工程的情况,编写了招标文件,其中的招标日程安排如下: (1)开标:2001年5月17日; (2)询标:2001年5月18日—2001年5月21日; (3)决标:2001年5月24日下午14:00; (4)发中标通知书:2001年5月24日下午14:00; (5)签订施工合同:2001年5月25日下午14:00	以上公布的日程安排信息有何不妥?请说明理由?(20分)
任务评价		总分:100分　　得分:＿＿＿＿＿

目 标 测 评

1. 知识测评

序号	评分标准	配分	得分
1	了解公路建设项目招标	20	
2	掌握公路建设项目投标	20	
3	了解公路建设开标、评标与中标程序	20	
4	本模块(P74)的"知识巩固"得分	40	换算得分＿＿＿
	总分	100	

2. 技能测评

序号	技能点	任务工单	配分	得分
1	熟悉招标程序、招标原则	任务工单2-1-1	30	
2	熟悉投标程序、联合体投标原则	任务工单2-2-1	40	
3	熟悉开标、投标程序及相关规定	任务工单2-3-1	30	
	总分		100	

注:换算得分的算法。

例如,任务工单1得分为80分,配分为10分,则换算得分即为:80×10%＝8分。

总体目标测评＿＿＿＿＿＿＿＿

模块三　公路勘察设计中的法律法规

公路工程建设的前提和基础是公路工程勘察设计,公路工程勘察设计的质量,直接影响公路的使用功能和寿命、环境保护、行车安全和工程造价等。为保证公路工程勘察设计的质量,必须用相关法律法规及标准规范来指导、规范公路工程勘察设计工作。

公路勘察设计主要遵循的法律法规有《中华人民共和国公路法》《中华人民共和国招标投标法》《建设工程安全生产管理条例》《公路安全保护条例》《农村公路建设管理办法》等,如图3-0-1所示。

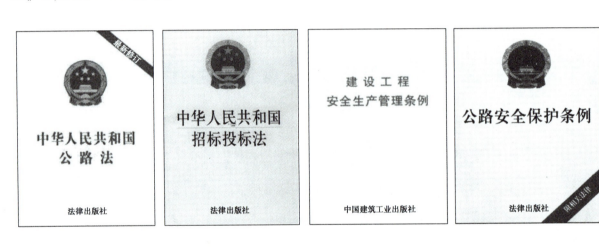

图3-0-1　公路勘察设计主要法律法规

公路勘察设计主要技术标准有《公路路基设计规范》(JTG D30—2015)、《公路沥青路面设计规范》(JTG D50—2017)、《公路桥涵设计通用规范》(JTG D60—2015)、《公路隧道设计规范　第一册　土建工程》(JTG 3370.1—2018)、《公路隧道设计规范　第二册　交通工程与附属设施》(JTG D70/2—2014)、《高速公路交通工程及沿线设施设计通用规范》(JTG D80—2006)、《公路工程技术标准》(JTG B01—2014)、《城市道路工程设计规范》(CJJ 37—2012)、《公路路线设计规范》(JTG D20—2017)等,如图3-0-2所示。

本模块学习内容为公路勘察设计遵循的法律法规,公路勘察设计任务分配及相关标准、规范以及公路勘察设计合同。

图 3-0-2　公路勘察设计主要规范

学习目标

知识目标	1. 了解公路勘察设计任务及其分配方式； 2. 了解公路勘察设计标准及规范； 3. 熟悉公路勘察设计合同格式、签订程序、内容组成； 4. 明晰勘察、设计单位的责任
能力目标	1. 能用合适的方式进行勘察设计任务分配； 2. 能根据勘察设计工作需要选择合适的标准及规范； 3. 能进行合同签订及合同管理

任务 1　公路勘察设计任务分配及相关标准规范

思维导图

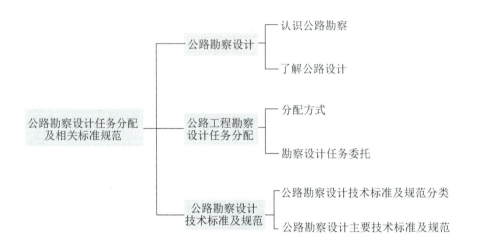

任务描述

5. 工程设计分配—
任务描述

某航天企业内部道路需进行扩建,此次扩建工程包括保密光缆通道的铺设,后勤部门根据建设工程招标方式(图 3-1-1),通过邀标谈判方式将此工程的勘察设计任务承包给了某企业 A 公司,双方经过磋商最终以 530 万元成交并按规定签订了勘察设计合同。在项目实施过程中,该航天企业纪检部门收到投诉:"该项目的勘察设计承包金额已超过必须进行公开招标的限额,必须公开招标,因此该任务发包方式不合法,属于暗箱操作,违反了《招标投标法》"。

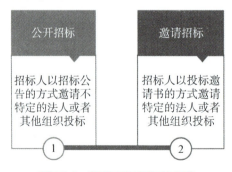

图 3-1-1　建设工程招标的方式

问题:该航天企业后勤部门的做法(勘察设计任务分配)是否违法?

任务分析

1. 找出该案例适用的法律法规；
2. 在适用的法律法规中找出与该案例相关的规定；
3. 根据找出的相关规定，选出适用该案例的具体条款，再对所提问题进行解答。

理论知识

一、公路勘察设计

公路勘察设计是公路外业勘察（图3-1-2）和公路内业设计（图3-1-3）两项工作内容的总称。勘察和设计是公路工程项目实施前极其重要的两个环节。公路勘察成果是设计的主要依据，为设计工作提供现场地基各种物理、力学性能的详细指标。

图3-1-2　公路外业勘察图

图3-1-3　公路内业设计图

（一）认识公路勘察

1. 公路勘察概念

公路勘察是指利用公路专业技术、设备对公路沿线一定范围内的地形、地貌、地质构成、岩土性质、水文情况以及道路宽度、陡坡表面状况、桥梁涵洞位置、设施设备位置等进行测绘、勘探、测试及综合评定。

2. 公路勘察分类

公路勘察分为初步勘察、详细勘察两个阶段。

(1)公路初步勘察是验证工程选址的正确性。

(2)详细勘察是为设计提供公路地基各种物理、力学性能的详细指标。

3. 公路勘察成果

公路勘察后形成可行性评价和建设所需要的勘察成果,作为公路设计的依据。

(二)了解公路设计

1. 公路设计概念

公路设计是指运用公路工程技术理论及方法,按照现行技术标准、规范对新建、改建公路工程项目所需的技术、经济、资源、环境等条件进行综合分析、比较、论证。

2. 公路设计分类

设计资料是公路建设的依据。公路设计按照公路的使用性质、技术等级和建设规模,通常分成三阶段进行:

(1)对于技术简单、方案明确的小型建设项目,可采用一阶段设计,即一阶段施工图设计;

(2)公路工程基本建设项目一般采用两阶段设计,即初步设计和施工图设计;

(3)技术上复杂而又缺乏经验的建设项目或建设项目中的个别路段、特殊大桥、互通式立体交叉、隧道等,必要时采用三阶段设计,即初步设计、技术设计和施工图设计,如图3-1-4所示。

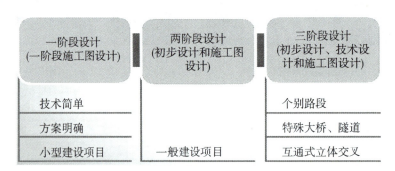

图3-1-4 公路设计阶段

3. 各阶段资料编制

通常一般建设项目采用两阶段设计,即初步设计和施工图设计,其编制依据如图3-1-5所示。

(1)一阶段施工图设计应根据批准的设计任务书(或勘察设计合同)和定测资料编制。

(2)两阶段设计时,施工图设计应根据批准的初步设计和定测资料编制,如图 3-1-6 所示。

(3)三阶段设计时,技术设计应根据批准的初步设计和补充初测(或定测)资料编制,如图 3-1-6 所示。

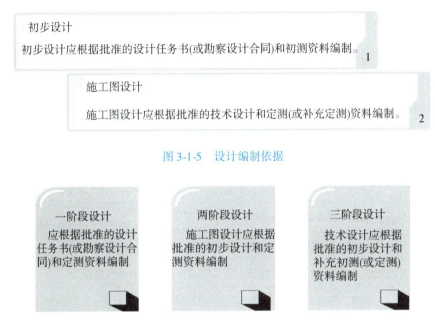

图 3-1-5　设计编制依据

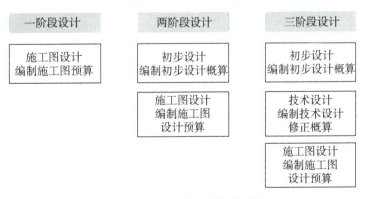

图 3-1-6　各阶段设计依据

4. 各阶段造价控制文件

公路项目建设须全程进行造价控制,因此各设计阶段应进行相应的造价文件编制。

(1)采用一阶段设计时:编制施工图预算,如图 3-1-7 所示。

(2)采用两阶段设计时:编制初步设计概算、施工图设计预算,如图 3-1-7 所示。

(3)采用三阶段设计时:编制初步设计概算、技术设计修正概算、施工图设计预算,如图 3-1-7 所示。

图 3-1-7　各阶段造价控制文件

二、公路工程勘察设计任务分配

(一) 分配方式

公路工程勘察、设计发包依法实行招标发包或者直接发包。

原则上,勘察设计任务的委托依据《招标投标法》进行招标发包。但是,根据《公路工程建设项目招标投标管理办法》第九条规定,有表3-1-1所列情形之一的公路工程建设项目,可以不进行招标。

可以不进行招标的公路工程建设项目　　　　表3-1-1

序号	公路工程建设项目
1	涉及国家安全、国家秘密、抢险救灾或者属于利用扶贫资金实行以工代赈、需要使用农民工等特殊情况
2	需要采用不可替代的专利或者专有技术
3	采购人自身具有工程施工或者提供服务的资格和能力,且符合法定要求
4	已通过招标方式选定的特许经营项目投资人依法能够自行施工或者提供服务
5	需要向原中标人采购工程或者服务,否则将影响施工或者功能配套要求
6	国家规定的其他特殊情形

小贴士

招标人不得为适用表3-1-1中规定弄虚作假,规避招标。

(二) 勘察设计任务委托

依据《建设工程勘察设计管理条例》第十九条 除建设工程主体部分的勘察、设计外,经发包方书面同意,承包方可以将建设工程其他部分的勘察、设计再分包给其他具有相应资质等级的建设工程勘察、设计单位。

(1)原则上应将整个建设工程项目的设计业务委托给一个承接方,也可以在保证整个建设项目完整性和统一性的前提下,将设计业务按技术要求,分别委托给几个承接方。

(2)委托方将整个建设工程项目的设计业务分别委托几个承接方时,必须选定其中一个承接方作为主体承接方,负责对整个建设工程项目设计的总体协调(该总体协调单位通常称为牵头单位)。

(3)实施工程项目总承包的建设工程项目按有关规定执行。

三、公路勘察设计技术标准及规范

设计单位应根据批准的计划任务书和有关标准规范进行勘测设计。大型工程项目在测量时须进行中间检查,测量完毕应进行现场验收;测量验收由建设单位主持。

(一)公路勘察设计技术标准及规范分类

1. 根据使用功能不同

公路勘察设计标准、规范根据使用功能不同分为勘察、设计两大类,如图3-1-8所示。

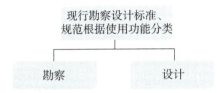

图3-1-8 公路勘察设计标准、规范按使用功能分类

2. 根据专业不同

公路勘察设计标准、规范根据专业不同分为公路、桥隧、交通工程及综合四类,如图3-1-9所示。

图3-1-9 根据专业不同分类

(二)公路勘察设计主要技术标准及规范

1. 公路勘察标准、规范

现行公路主要勘察规范有7种,详见表3-1-2。

现行公路勘察规范一览表　　表3-1-2

序号	编号	标准、规范
1	JTG C10—2007	公路勘测规范
2	JTG/T C10—2007	公路勘测细则
3	JTG C20—2011	公路工程地质勘察规范
4	JTG/T C21-01—2005	公路工程地质遥感勘察规范

续上表

序号	编号	标准、规范
5	JTG/T C21-02—2014	公路工程卫星图像测绘技术规程
6	JTG/T 3222—2020	公路工程物探规程
7	JTG C30—2015	公路工程水文勘测设计规范

2. 公路设计规范

现行公路主要设计规范有 13 种,详见表 3-1-3。

现行公路主要设计规范一览表　　表 3-1-3

序号	编号	标准、规范
1	JTG D20—2017	公路路线设计规范
2	JTG/T D21—2014	公路立体交叉设计细则
3	JTG D30—2015	公路路基设计规范
4	JTG/T D31—2008	沙漠地区公路设计与施工指南
5	JTG/T D31-02—2013	公路软土地基路堤设计与施工技术细则
6	JTG/T D31-03—2011	采空区公路设计与施工技术细则
7	JTG/T 3331—2023	多年冻土地区公路设计与施工技术规范
8	JTG/T D31-05—2017	黄土地区公路路基设计与施工技术规范
9	JTG/T D31-06—2017	季节性冻土地区公路设计与施工技术规范
10	JTG/T D32—2012	公路土工合成材料应用技术规范
11	JTG D40—2011	公路水泥混凝土路面设计规范
12	JTG D50—2017	公路沥青路面设计规范
13	JTG/T D33—2012	公路排水设计规范

3. 桥隧设计规范

现行桥隧主要设计规范有 14 种,详见表 3-1-4。

现行桥隧主要设计规范一览表　　表 3-1-4

序号	编号	标准、规范
1	JTG D60—2015	公路桥涵设计通用规范
2	JTG/T 3360-01—2018	公路桥梁抗风设计规范
3	JTG D61—2005	公路圬工桥涵设计规范
4	JTG 3362－2018	公路钢筋混凝土及预应力混凝土桥涵设计规范
5	JTG 3363—2019	公路桥涵地基与基础设计规范
6	JTG D64—2015	公路钢结构桥梁设计规范
7	JTG/T D64-01—2015	公路钢混组合桥梁设计与施工规范

续上表

序号	编号	标准、规范
8	JTG/T D65-05—2015	公路悬索桥设计规范
9	JTG/T D65-06—2015	公路钢管混凝土拱桥设计规范
10	JTG 3370.1—2018	公路隧道设计规范 第一册 土建工程
11	JTG/T D70—2010	公路隧道设计细则
12	JTG D70/2—2014	公路隧道设计规范 第二册 交通工程与附属设施
13	JTG/T D70/2-01—2014	公路隧道照明设计细则
14	JTG/T D70/2-02—2014	公路隧道通风设计细则

4. 交通工程设计规范

现行交通工程设计规范有 4 种,详见表 3-1-5。

现行交通工程设计规范一览表　　表 3-1-5

序号	编号	标准、规范
1	JTG D80—2006	高速公路交通工程及沿线设施设计通用规范
2	JTG D81—2017	公路交通安全设施设计规范
3	JTG/T D81—2017	公路交通安全设施设计细则
4	JTG D82—2009	公路交通标志和标线设置规范

5. 综合设计规范

现行主要综合设计办法、指南有 3 种,详见表 3-1-6。

现行综合设计办法、指南一览表　　表 3-1-6

序号	编号	办法、指南
1	交办公路〔2017〕167 号	国家公路网交通标志调整工作技术指南
2	交公路发〔2007〕358 号	公路工程基本建设项目设计文件编制办法
3	交公路发〔2015〕69 号	公路工程特殊结构桥梁项目设计文件编制办法

任务实施

回答"任务描述"问题:该航天企业后勤部门的做法(勘察设计任务分配)是否违法?

1. 分析本案例所涉及的法律法规

本案例涉及的法律法规主要是《中华人民共和国招标投标法》及相关规定。

5. 工程设计分配—任务实施

2.选择合适的法律法规条款

公路工程勘察、设计发包依法实行招标发包或者直接发包。原则上，勘察设计任务的委托应该依据《中华人民共和国招标投标法》进行招标发包，但是，《公路工程建设项目招标投标管理办法》第九条规定，有下列情形之一的公路工程建设项目，可以不进行招标：

（1）涉及国家安全、国家秘密、抢险救灾或者属于利用扶贫资金实行以工代赈、需要使用农民工等特殊情况；

（2）需要采用不可替代的专利或者专有技术；

（3）采购人自身具有工程施工或者提供服务的资格和能力，且符合法定要求；

（4）已通过招标方式选定的特许经营项目投资人依法能够自行施工或者提供服务；

（5）需要向原中标人采购工程或者服务，否则将影响施工或者功能配套要求；

（6）国家规定的其他特殊情形。

3.本案例结论

因为该项目业主单位——该航天企业的驻地坐标、光缆通道坐标等属于国家机密，根据《公路工程建设项目招标投标管理办法》第九条之第（1）条规定，属于可以不用公开招标选取勘察设计单位的情形。因此，该航天企业后勤部门选取勘察设计单位的程序不违法。

工程案例

案例描述

某二级公路全长48km，包括一座特大桥、两座大桥、两座中桥。由A交通运输局通过公开招标选取了B公司为勘察设计单位，双方按要求签订勘察设计合同。

在项目实施过程中，B公司因人手不够，将项目的设计任务进行分包，其中进行桥梁设计的为B公司上任桥隧组负责人李某，李某现已离开B公司成立了自己的团队，因其成立时间短，申请的设计资质未审批到位，但其团队技术过硬，设计质量可靠，与B公司有长期合作关系。

案例问题

在本案例中是否有违法行为发生？为什么？

案例分析

步骤	找问题	分析
第一步	分析该案例涉及的法律问题	从案例描述来看，该案例是关于任务分配的问题
第二步	分析任务分配情况	首先是A交通运输局通过公开招标将任务分配给了B公司；其次是B公司将设计任务分配给了李某代表的团队，但李某代表的团队无资质

续上表

步骤	找问题	分析
第三步	找出任务分配相关规定	《建设工程勘察设计管理条例》规定：发包方可以将整个建设工程的勘察、设计发包给一个勘察、设计单位；也可以将建设工程的勘察、设计分别发包给几个勘察、设计单位。除建设工程主体部分的勘察、设计外，经发包方书面同意，承包方可以将建设工程其他部分的勘察、设计再分包给其他具有相应资质等级的建设工程勘察、设计单位

案例结论

(1) A采用公开招标方式分配给B是合法程序，不存在违法行为。

(2) B进行的分包行为违反了《建设工程勘察设计管理条例》相关规定，属于违法行为。原因有三个：一是将整个设计任务分包（只可将主体工程以外的工程分包）；二是在未取得A书面同意的前提下分包；三是将设计任务分包给无资质的李某带领的设计团队。

技能训练

根据学习内容，熟悉公路勘察设计及设计任务分配，完成本任务工单3-1-1。

熟悉公路勘察设计及设计任务分配   任务工单3-1-1

某高速公路建设项目由A高速集团公司负责实施，该项目要在一深峡谷上建造一座特大桥，在可行性研究阶段选取了B设计院获国家专利的桥型，该桥型在此之前从未应用于实际，因此属于技术复杂而又无经验可参考的桥型。
1.该特大桥需要采用三阶段设计吗？为什么？(40分)
2. A集团在进行勘察设计任务分配时，将该特大桥单独划分为一个标段并且直接委托给B设计院，该行为是否违法？为什么？(60分)
任务评价   总分：100分   得分：_____

任务 2　公路勘察设计合同

思维导图

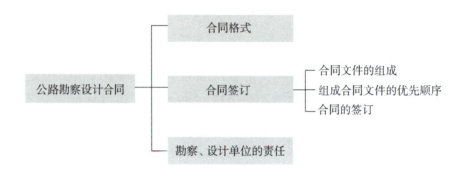

任务描述

6. 工程设计合同—
任务描述

某公路建设项目,根据相关要求采用公开招标,确定勘察设计单位,该项目中标价(中标通知书价格)为 652 万元。甲、乙双方进行合同谈判,最终以 600 万元(合同协议书价格)成交并签订合同。

问题: 在该事件中,应以哪个金额为结算依据？为什么？

任务分析

1. 找出该案例所涉及的法律问题；
2. 根据所涉及的法律问题找出与该案例相关的规定；
3. 找出相关规定,选出适用该案例的具体条款,再对该案例所提问题进行解答。

理论知识

一、合同格式

勘察设计合同是指建设单位或有关单位为完成一定的勘察、设计任务,由建设单位与满足相关要求的勘察设计单位签订的明确双方权利、义务的协议。

勘察设计项目合同内容包含:工程名称、工程地点、发包人、设计人、项目设计概算、设计周期、勘察周期等,格式如图 3-2-1 所示。

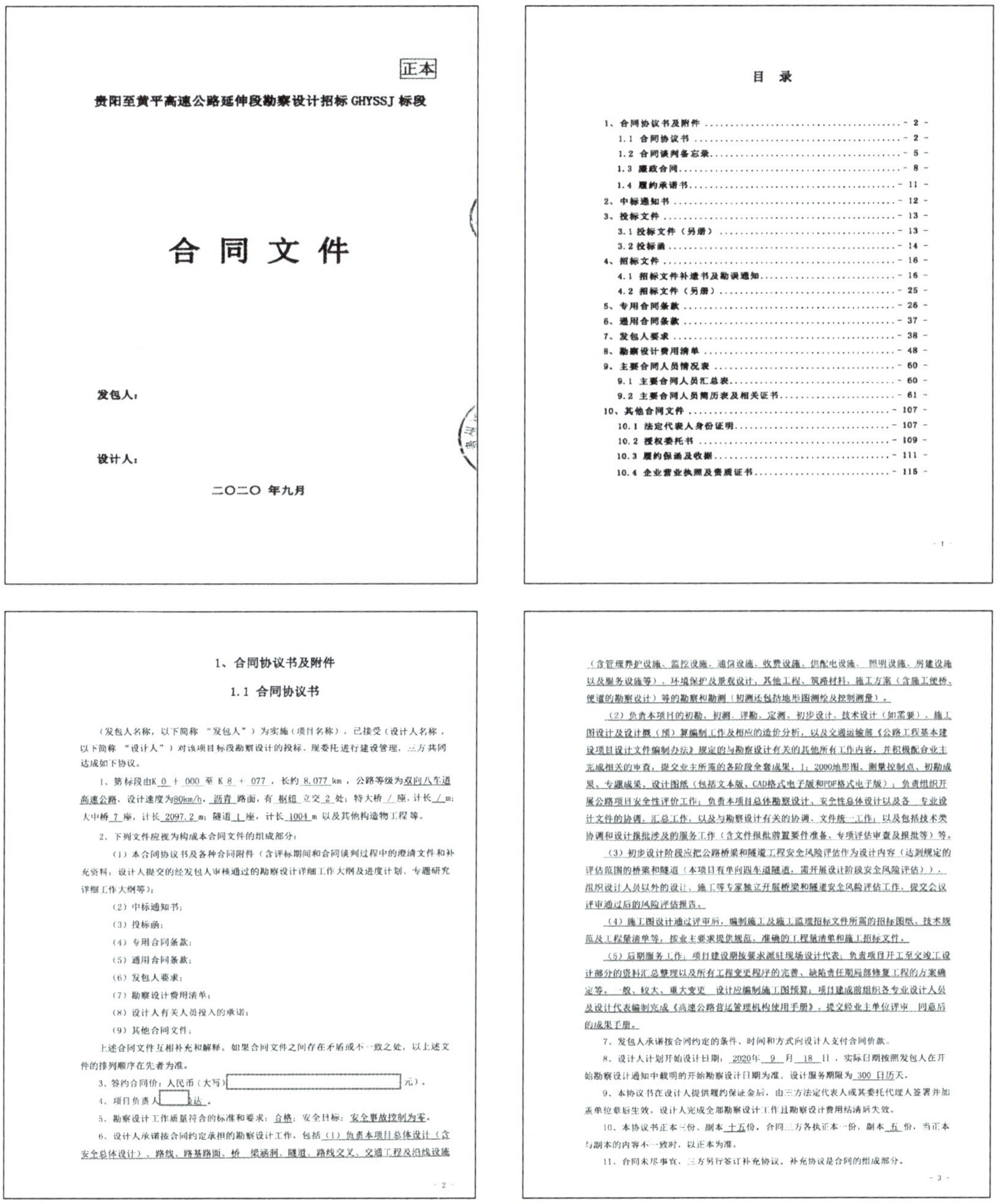

正本

贵阳至黄平高速公路延伸段勘察设计招标 GHYSSJ 标段

合 同 文 件

发包人:

设计人:

二〇二〇 年九月

目 录

- 1 -

1、合同协议书及附件

1.1 合同协议书

(发包人名称,以下简称 "发包人")为实施(项目名称),已接受(设计人名称,以下简称 "设计人")对该项目标段勘察设计的投标,现委托进行建设管理,三方共同达成如下协议。

1、第标段由K 0 + 000 至 K 8 + 077 ,长约 8.077 km ,公路等级为双向八车道高速公路,设计速度为80km/h, 沥青 路面,有 枢纽 立交 2 处;特大桥 / 座,计长 / m;大中桥 7 座,计长 2097.2 m;隧道 1 座,计长 1004 m 以及其他构造物工程等。

2、下列文件应视为构成本合同文件的组成部分:

(1)本合同协议书及各种合同附件(含评标期间和合同谈判过程中的澄清文件和补充资料;设计人提交的经发包人审核通过的勘察设计详细工作大纲及进度计划、专题研究详细工作大纲等);

(2)中标通知书;

(3)投标函;

(4)专用合同条款;

(5)通用合同条款;

(6)发包人要求;

(7)勘察设计费用清单;

(8)设计人有关人员投入的承诺;

(9)其他合同文件;

上述合同文件互相补充和解释。如果合同文件之间存在矛盾或不一致之处,以上述文件的排列顺序在先者为准。

3、签约合同价:人民币(大写) 元)。

4、项目负责人[illegible]达。

5、勘察设计工作质量符合的标准和要求:合格;安全目标:安全事故控制为零。

6、设计人承诺按合同约定承担的勘察设计工作,包括(1)负责本项目总体设计(含安全总体设计)、路线、路基路面、桥 梁涵洞、隧道、路线交叉、交通工程及沿线设施

- 2 -

(含管理养护设施、监控设施、通信设施、收费设施、供配电设施、照明设施、房建设施以及服务设施等)、环境保护及景观设计、其他工程、筑路材料、施工方案(含施工便桥、便道的勘察设计)等的勘察和勘测(初测还包括地形图测绘及控制测量)。

(2)负责本项目的初勘、初测、详勘、定测、初步设计、技术设计(如需要)、施工图设计及设计概(预)算编制工作及相应的造价分析,以及交通运输部《公路工程基本建设项目设计文件编制办法》规定的与勘察设计有关的其他所有工作内容,并积极配合业主完成相关的审查,提交业主所需的各阶段全套成果,1:2000地形图、测量控制点、初勘成果、专题成果、设计图纸(包括文本版、CAD格式电子版和PDF格式电子版);负责组织开展公路项目安全性评价工作;负责本项目总体勘察设计、安全性总体设计以及各 专业设计文件的协调、汇总工作,以及与勘察设计有关的协调、文件统一工作;以及包括技术类协调和设计报批涉及的服务工作(含文件报批前置要件准备、专项评估审查及报批等)等。

(3)初步设计阶段应把公路桥梁和隧道工程安全风险评估作为设计内容(达到规定的评估范围的桥梁和隧道(本项目有单向四车道隧道,需开展设计阶段安全风险评估)),组织设计人员以外的设计、施工等专家独立开展桥梁和隧道安全风险评估工作,提交会议评审通过后的风险评估报告。

(4)施工图设计通过评审后,编制施工及施工监理招标文件所需的招标图纸、技术规范及工程量清单等,按业主要求提供规范、准确的工程量清单和施工招标文件。

(5)后期服务工作:项目建设期按要求派驻现场设计代表;负责项目开工至交竣工设计部分的资料汇总整理以及所有工程变更程序的完善、缺陷责任期局部修复工程的方案确定等。一般、较大、重大变更 设计应编制施工图预算;项目建成前组织各专业设计人员及设计代表编制完成《高速公路营运管理机构使用手册》,提交经业主单位评审 同意后的成果手册。

7、发包人承诺按合同约定的条件、时间和方式向设计人支付合同价款。

8、设计人计划开始设计日期: 2020年 9 月 18 日 ,实际日期按照发包人在开始勘察设计通知中载明的开始勘察设计日期为准。设计服务期限为 300 日历天。

9、本协议书在设计人提供履约保证金后,由三方法定代表人或其委托代理人签署并加盖单位章后生效。设计人完成全部勘察设计工作且勘察设计费用结清后失效。

10、本协议书正本三份、副本 十五份,合同三方各执正本一份,副本 五 份,当正本与副本的内容不一致时,以正本为准。

11、合同未尽事宜,三方另行签订补充协议。补充协议是合同的组成部分。

- 3 -

图 3-2-1 合同格式示例

二、合同签订

(一)合同文件的组成

勘察设计合同文件(或称合同)由合同协议书及各种合同附件、中标通知书、投标函、专

用合同条款、通用合同条款、发包人要求、费用清单,以及其他合同文件组成。公路工程项目具体情况不同,相关要求及合同组成内容也不同,一般合同文件的主要内容见表3-2-1。

合同文件组成　　　　　　　　　表3-2-1

序号	合同文件组成	
1	合同协议书	①澄清文件和补充资料; ②勘察设计详细工作大纲; ③进度计划; ④专题研究详细工作大纲
1	合同附件	①澄清文件和补充资料; ②勘察设计详细工作大纲; ③进度计划; ④专题研究详细工作大纲
2	中标通知书	
3	投标函	
4	专用合同条款	
5	通用合同条款	
6	发包人要求	
7	勘察设计费用清单	
8	设计有关人员的承诺	
9	其他合同文件	

(二) 组成合同文件的优先顺序

合同当事人针对各类合同文件所作出的补充和修改亦属于合同文件的组成部分,属于同一类内容的文件,应以最新签署的为准;若组成合同的各个内容之间有不一致时,其优先顺序如图3-2-2所示。

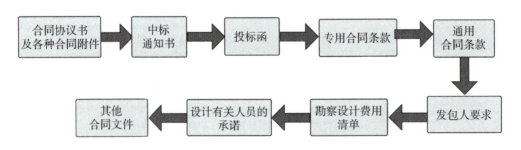

图3-2-2　合同文件优先顺序

(三) 合同的签订

1. 合同签订前审查相关资格

合同签订前对当事人相关资格进行审查,不仅是为了保证合同有效,受法律保护,而且保证合同能得到正确的实施,这是合同签订前必不可少的工作。

(1)资格审查

①审查当事人是否属于按国家规定的审批程序成立的法人组织;

②审查是否有法人章程和营业执照,以及经营活动是否超过章程或营业执照规定范围;

③审查参加签订合同的有关人员是否是法定代表人或法人委托的代理人,以及代理人的活动是否越权等。

(2)资信审查

资信就是资金和信用的简称。资金是指当事人有权支配并能运用于生产经营的财产的货币形态,信用是指商品买卖中的延期付款或货币的借贷。审查当事人的资信情况,可以了解当事人对于合同的履行能力和履行态度,从而慎重地签订合同。

(3)履行能力审查

①审查勘察设计单位的专业业务能力;

②审查勘察设计单位是否具有勘察设计资格;

③审查资质等级以及业务的规格和范围;

④审查勘察设计单位完成的工程业绩。

只有在对当事人履约能力充分了解的基础上签订合同,才能保证合同的可靠性。

2.签订合同的方式

公路工程勘察、设计合同应根据《中华人民共和国招标投标法》第三条、《公路工程建设项目招标投标管理办法》第九条等相关规定,采用招投标方式或直接委托方式签订合同。

三、勘察、设计单位的责任

(1)按照《建设工程勘察设计管理条例》第八条规定:

建设工程勘察、设计单位应当在其资质等级许可的范围内承揽建设工程勘察、设计业务。

禁止建设工程勘察、设计单位超越其资质等级许可的范围或者以其他建设工程勘察、设计单位的名义承揽建设工程勘察、设计业务。禁止建设工程勘察、设计单位允许其他单位或者个人以本单位的名义承揽建设工程勘察、设计业务。

(2)按照国家现行的有关规定、工程建设强制性标准和合同要求进行勘察、设计工作。

①勘察单位提供的地质、测量、水文等勘察成果文件应当符合国家规定的勘察要求,必须真实、准确。

②勘察单位应按要求参与施工验收,及时解决工程设计、施工、勘察工作有关问题。

③参与建设工程质量事故分析,对因勘察原因造成的质量事故,提出相应的技术处理方案。

④勘察单位的法定代表人、项目负责人、审核人、审定人等相应人员,应在勘察文件上签字或盖章,并对勘察质量负责。

⑤勘察单位的法定代表人对本企业的勘察质量全面负责,项目负责人对项目勘察文件负主要质量责任,项目审核人、审定人对其审核、审定项目的勘察文件负审核、审定的质量责任。

⑥设计单位提供的设计文件应当符合国家规定的设计要求,注明工程合理使用年限。

⑦设计文件中选用的材料、构配件和设备,应当注明规格、型号、性能等技术指标,其质量必须符合国家规定的标准。

⑧除有特殊要求的建筑材料、专用设备、工艺生产线外,不得指定生产厂、供应商。

⑨设计单位应就经批准的施工图文件向相关单位做技术交底,解决施工中对设计提出的问题,负责设计变更。

任务实施

6.工程设计合同—任务实施

回答"任务描述"问题:应以哪个金额为结算依据?

1.分析案例所涉及的法律问题

本案例涉及的法律问题主要是合同组成文件之间的优先顺序问题。

2.本案例所涉及法律问题的相关规定

按照合同组成内容的优先顺序:合同协议书及各种合同附件 > 中标通知书 > 投标函 > 专用合同条款 > 通用合同条款 > 发包人要求 > 勘察设计费用清单 > 设计人有关人员投入的承诺 > 其他合同文件。

3.本案例结论

本案例有两个价格,一个是中标价652万元,另一个是合同签约价即合同协议书价格600万元;从合同优先顺序来分析,合同协议书优先于中标通知书。

所以,最终应以合同协议书价格600万元进行结算。

工程案例

案例描述

A 交通勘察设计研究院(以下简称"A 交勘院"),拥有勘察及设计甲级资质,通过公开招投标方式取得某高速公路勘察设计任务。

在项目实施阶段,A 交勘院内部人员发生变动,部分员工离职使得 A 交勘院在合同工期内很难完成任务,因此在建设单位不知情的情况下 A 交勘院将该高速公路的部分项目(其中包括一座特大桥工程)分包给 B 设计院,B 设计院拥有乙级勘察设计资质。

尽管 B 设计院资质不能满足本项目对资质的要求,但因 B 设计院长期与 A 交勘院合作,A 交勘院对 B 设计院的技术、信誉、能力均认可,所以进行了直接分包并签订分包协议。

案例问题

本案例是否有违法行为?为什么?

案例分析

步骤	找问题	分析
第一步	分析该案例涉及的法律问题	从案例描述来看主要有两个事件: (1)A 交勘院通过招投标取得勘察、设计任务; (2)A 交勘院将部分项目分包给 B 设计院
第二步	判断两个事件的合法性	(1)A 交勘院通过公开招投标方式取得的勘察、设计任务满足《中华人民共和国招标投标法》相关规定,未违法; (2)A 交勘院将部分项目分包给 B 设计院,违反了《建设工程勘察设计管理条例》相关规定,A 交勘院及 B 设计院均存在违法行为

案例结论

A 交勘院有违法行为,具体如下:

(1)在未取得发包人书面同意的前提下进行分包。

(2)特大桥属于控制性工程,是该高速公路的主体部分,不能分包。

(3)将项目分包给不具备相应资质的 B 设计院。

技能训练

根据学习内容,熟悉公路勘察设计合同文件规定,完成本任务工单3-2-1。

| 公路建设法律法规

熟悉公路勘察设计合同文件规定　　　　　　任务工单 3-2-1

某公路工程根据相关要求采用公开招标方式明确了勘察设计单位,并且双方根据要求签订了正式的勘察设计合同。

在合同通用条款中规定,质保金在每期计量款中按比例扣除。为了推进项目实施,保证项目前期资金充足,规定从工程款达到 200 万元后开始扣除质保金,并在工程款达到合同价的 80% 时全额扣除。

在合同附件中,承包人提供了投入本项目的人员名单,张某山为桥涵负责人,在项目实施时,张某山因身体原因无法参与本项目,承包人将与张某山同资格的李某替换为该项目的桥涵负责人,承包人将该决定及二人的相关资质文件发函至建设单位,建设单位回函同意。

1. 请根据合同组成文件的优先顺序确定质保金的扣除方式?(50 分)

2. 在项目后期文件的签署中,桥涵负责人应为谁?(50 分)

任务评价　　　　　　　　　　　　总分:100 分　　　　　得分:＿＿＿＿＿＿

知 识 巩 固

序号	任务开展
1	简述勘察、设计合同签订前应当对当事人进行资格审查的内容有哪些?(20 分)

续上表

序号	任务开展
2	简述勘察、设计单位的责任有哪些？（20分）
3	在进行某高速公路设计时，该项目涉及路基、路面、桥梁、涵洞、隧道、交通安全设施等常见工程，请为设计人员选择必须使用的规范。（30分）
4	某高速公路项目因采用新技术，多个结构物采用新结构形式，因此采用三阶段设计。选出各个设计阶段所需编制的造价文件？（30分）
任务评价	总分：100分　　　　得分：_____

目标测评

1. 知识测评

序号	评分标准	配分	得分
1	掌握公路勘察设计任务及其分配方式	20	
2	了解公路勘察设计标准及规范	20	
3	掌握公路勘察设计合同格式、签订程序、内容组成	20	
4	本模块（P94）的"知识巩固"得分	40	换算得分_____
	总分	100	

2. 技能测评

序号	技能点	任务工单	配分	得分
1	熟悉公路勘察设计及设计任务分配	任务工单3-1-1	50	
2	熟悉公路勘察设计合同文件规定	任务工单3-2-1	50	
	总分		100	

注：换算得分的算法。

例如，任务工单1得分为80分，配分为10分，则换算得分即为：80×10% = 8分。

总体目标测评_____

模块四　公路建设施工法律法规

公路建设是指公路、桥梁、隧道、交通工程及沿线设施和公路渡口的项目建议书、可行性研究、勘察、设计、施工、竣(交)工验收和后评价全过程的活动。按照建设项目发展的内在联系和发展过程,建设分成若干阶段。公路施工是按照前期勘察设计成果——设计文件和图纸,依照相关法律法规及规范、标准的要求,在建设场地上,将设计意图付诸实现的测量、作业、检验等,形成工程实体。

任何优秀的设计成果,只有通过施工才能变为现实,因此公路工程施工活动决定了设计意图能否体现,体现效果怎么样,是工程安全可靠、使用功能及建设效果的保证,是形成实体质量的决定性环节。

本模块学习内容为:公路工程建设遵循的法律法规,公路工程建设技术标准、规范以及公路工程施工程序和施工单位的权利、义务与责任。

学习目标

知识目标	1. 了解公路工程施工质量、造价、进度、安全、环保相关规定; 2. 熟悉公路工程施工常用法律法规、标准、规范; 3. 掌握公路施工单位的权利、义务与责任
能力目标	1. 能根据公路工程施工的相关规定,规范建设行为,使施工效果达到最佳; 2. 能根据施工需要选择合适的法律法规、标准及规范; 3. 能根据施工单位的权利、义务及责任进行施工管理

任务 1　公路工程施工认知

思维导图

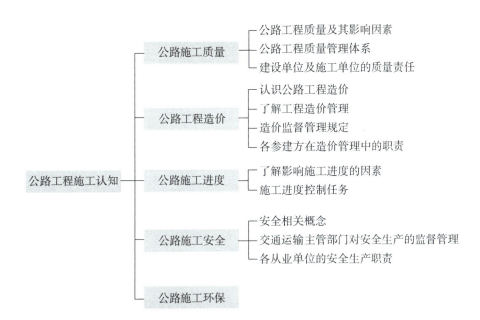

任务描述

某省交通建设工程质量监督局(简称质监局)工作人员张某等途经一公路改扩建施工现场时,发现施工人员有违章操作行为,使得其施工的挡土墙工程存在质量隐患,如图 4-1-1 所示,于是向建设单位下发了质量整改通知书。

7.工程施工认知—
任务描述

问题:在该事件中,质监局张某的做法是否合法？为什么？

任务分析

1. 找出该案例所涉及的法律问题；
2. 确定该案例适用的法律法规,并在适用的法律法规中找出与该案例相关的规定；
3. 在相关规定中选出适用该案例的具体条款,再对该案例进行判定。

图 4-1-1　施工现场

理论知识

公路施工阶段是公路建设的重要阶段,是将已批准的施工图设计文件付诸实施并形成成果的过程,是整个项目实施过程中占用资金庞大、用时长,且最容易出现质量事故、安全事故、环境污染事故的阶段。因此,为了保证建设效果,使公路工程满足相关要求,在施工阶段必须对施工质量、进度、安全、环保及工程造价进行科学的管理,使工程质量达到规范及合同要求,施工进度满足合同规定,降低施工安全风险,防止环境污染,合理控制投资使工程造价在合理范围。

一、公路施工质量

(一) 公路工程质量及其影响因素

公路工程质量是指在国家现行的有关法律、法规、技术标准、设计文件和合同中,对公路工程的安全、适用、经济、美观等特性的综合要求。

影响公路工程质量的因素很多,如决策、设计、材料、机械、地形、地质、水文、气象、施工工艺、操作方法、技术措施、人员素质、管理制度等,归纳起来,可分为 5 大方面,即通常所说的"4M1E",它是"人、机器、物料、方法、环境"的简称,如图 4-1-2 所示。在公路工程建设全过程中严格控制好这 5 大因素,是保证公路工程质量的关键。

图 4-1-2 质量的影响因素

(二) 公路工程质量管理体系

公路工程实行"政府监督、法人管理、社会监理、企业自检"的质量管理与保证体系。交通运输主管部门及其所属的质量监督机构对工程质量负监督责任;项目法人对工程质量负管理责任;监理单位对工程质量负现场管理责任;勘察设计单位对勘察设计质量负责;施工单位对施工质量负责;试验检测单位对试验检测结果负责;其他从业单位和从业人员按照有关规定对其产品或者服务质量负相应责任。

现行公路工程实行的质量管理与保证体系包括纵向管理和横向管理两个方面。

1. 纵向管理

纵向管理是国家对工程质量所进行的监督管理,具体由建设行政主管部门及其授权机构实施,这种管理贯穿于工程建设的全过程和各个环节之中,它既对工程建设从计划、规划、土地管理、环保等方面进行监督管理,又对工程建设参建各方从资质认定和审查、成果质量检测、验证和奖惩等方面进行监督管理,还对工程建设中各种活动如工程建设招投标、工程施工、验收、维修等进行监督管理。

建设行政主管部门及其授权机构对公路建设监督管理的职责在《公路建设监督管理办法》第五条作了规定,详见表4-1-1。

建设行政主管部门及其授权机构的监督管理职责　　　　表4-1-1

序号	监督管理职责
1	监督国家有关公路建设工作方针、政策和法律、法规、规章、强制性技术标准的执行
2	监督公路建设项目建设程序的履行
3	监督公路建设市场秩序
4	监督公路工程质量和工程安全
5	监督公路建设资金的使用
6	指导、检查下级人民政府交通主管部门的监督管理工作
7	依法查处公路建设违法行为

2.横向管理

横向管理包括三个方面:一是建设单位(也称项目法人或业主)对工程的管理,建设单位要成立相应的机构和人员,对工程的质量进行监督管理;二是建设单位委托社会监理单位对工程进行专业的监督管理;三是工程承包单位,如勘察单位、设计单位、试验检测单位、施工单位等对所承担工作的质量和安全管理。它们要按要求建立健全质量和安全保证体系,配备相应的质检人员,落实相应的质量和安全保证制度,如审核校对制、培训上岗制、质量抽检制、各级质量责任制和部门领导质量责任制等。

(三)建设单位及施工单位的质量责任

1.建设单位的质量责任

建设单位的质量责任分依法发包工程的责任和委托监理的责任两部分,详见表4-1-2。

建设单位的质量责任　　　　表4-1-2

序号	依法发包工程的责任	委托监理的责任
1	建设单位要根据工程特点和技术要求,按有关规定选择相应资质等级的勘察、设计单位和施工单位,在合同中必须有质量条款,明确质量责任	建设单位应根据工程特点配备相应的质量管理人员

续上表

序号	依法发包工程的责任	委托监理的责任
2	建设单位必须依据相关法律法规采用合法程序择优选定相关合作单位，不得为了规避相关法律法规（主要是招投标法）将公路工程项目肢解成若干部分而不走招投标相关程序	对国家规定强制实行监理的工程项目，必须按相关程序择优选定有相应资质等级的工程监理单位进行监理
3	不得迫使承包方以低于成本的价格竞标	依法报批、接受政府监督的责任
4	不得任意压缩合理工期	遵守国家规定及技术标准的责任
5	不得明示或暗示设计单位或施工单位违反建设强制性标准，降低工程质量	提供资料、组织验收的责任

2.施工单位的质量责任

(1)遵守执业资质等级制度的责任。

(2)建立质量保证体系的责任。

(3)遵守技术标准、严格按批准的设计文件施工的责任。

(4)总包单位与分包单位之间的质量责任。

二、公路工程造价

(一) 认识公路工程造价

公路工程造价是指建设一条公路或一座独立大桥或隧道使其达到设计要求所花费的全部费用，包括建筑安装工程费、土地使用及拆迁补偿费、工程建设其他费、预备费、建设期贷款利息。

(二) 了解工程造价管理

对于一个项目来说，工程造价管理应是全面造价管理，指全寿命期、全过程、全要素、全方位的管理，如图4-1-3所示。

图 4-1-3　全面造价管理的含义

(三) 造价监督管理规定

交通运输主管部门应当按照职责权限加强对公路工程造价活动的监督检查。被监督检查的单位和人员应当予以配合,不得妨碍和阻挠依法进行的监督检查活动。根据《公路工程造价管理暂行办法》第二十四条规定,公路工程造价监督检查主要包括以下内容:

(1) 相关单位对公路工程造价管理法律、法规、规章、制度以及公路工程造价依据的执行情况;

(2) 各阶段造价文件编制、审查、审批、备案以及对批复意见的落实情况;

(3) 建设单位工程造价管理台账和计量支付制度的建立与执行、造价全过程管理与控制情况;

(4) 设计变更原因及费用变更情况;

(5) 建设单位对项目造价信息的收集、分析及报送情况;

(6) 从事公路工程造价活动的单位和人员的信用情况;

(7) 其他相关事项。

四、公路施工安全

(一)安全相关概念

1. 安全

安全是指不受威胁,没有危险、危害、损失,即指在生产过程中人员免遭不可承受危险的伤害、没有危险、不出事故、不造成人员伤亡和财产损失的状态。

2. 安全生产

安全生产是指在社会生产活动中,通过人、机器、物料、环境的和谐动作,使生产过程中潜在的各种事故风险和伤害因素始终处于有效控制状态,切实保护劳动者的生命安全和身体健康。

3. 安全生产管理

安全生产管理是针对人们在生产过程中的安全问题,运用有效的资源,发挥人们的智慧,通过人们的努力,进行有关决策、计划、组织和控制等活动,实现生产过程中人与机器、物料、环境的和谐,达到安全生产的目标。

(二)交通运输主管部门对安全生产的监督管理

交通运输主管部门应当对公路水运工程安全生产行为和下级交通运输主管部门履行安全生产监督管理职责情况进行监督检查。交通运输主管部门应当依照安全生产法律、法规、规章及工程建设强制性标准,制定年度监督检查计划,确定检查重点、内容、方式和频次。加强与其他安全生产监管部门的合作,推进联合检查执法。

《公路水运工程安全生产监督管理办法》第四十五条、第四十六条、第四十七条规定:交通运输主管部门对公路水运工程安全生产行为的监督检查主要包括的内容、交通运输主管部门在职责范围内开展安全生产监督检查时有权采取的措施、交通运输主管部门对监督检查中发现的安全问题或者安全事故隐患应根据情况作出处理,详见表4-1-4。

监督检查内容、采取的措施、安全处理 表4-1-4

监督检查内容	监督检查采取的措施	监督检查安全处理
(1)被检查单位执行法律、法规、规章及工程建设强制性标准情况;	(1)进入被检查单位进行检查,调阅有关工程安全管理的文件和相关照片、录像及电子文本等资料,向有关单位和人员了解情况;	(1)被检查单位存在安全管理问题需要整改的,以书面方式通知存在问题单位限期整改;

续上表

监督检查内容	监督检查采取的措施	监督检查安全处理
(2)《公路水运工程安全生产监督管理办法》中项目安全生产条件的符合情况; (3)施工单位在施工场地布置安全防护、施工安全管理活动记录等方面的安全生产标准化建设推进情况 施工现场布置安全生产标准牌（部分）	(2)进入被检查单位施工现场进行监督抽查; (3)责令相关单位立即或者限期停止、改正违法行为	(2)发现严重安全生产违法行为的,予以通报,并按规定依法实施行政处罚或者移交有关部门处理; (3)被检查单位存在安全事故隐患的,责令立即排除;重大事故隐患排除前或者排除过程中无法保证安全的,责令其从危险区域撤出作业人员,暂时停止施工,并按规定专项治理,应当经复查合格后,方可复工; (4)被检查单位拒不执行交通运输主管部门依法作出的相关行政决定,有发生生产安全事故的现实危险的,在保证安全的前提下,经本部门负责人批准,可以提前24小时以书面方式通知有关单位和被检查单位,采取停止供电、停止供应民用爆炸物品等措施,强制被检查单位履行决定; (5)因建设单位违规造成重大生产安全事故的,对全部或者部分使用财政性资金的项目暂停资金拨付; (6)督促负有直接监督管理职责的交通运输主管部门,对存在安全事故隐患整改不到位的被检查单位主要负责人约谈警示; (7)对违反本办法有关规定的行为实行相应的安全生产信用记录,对列入失信黑名单的单位及主要责任人按规定向社会公布; (8)法律、行政法规规定的其他措施

(三)各从业单位的安全生产职责

从业单位应当建立健全安全生产责任制,明确各岗位的责任人员、责任范围和考核标准等内容。从业单位应当建立相应的机制,加强对安全生产责任制落实情况的监督考核。

(1)建设单位对公路水运工程安全生产负管理责任。依法开展项目安全生产条件审核,按规定组织风险评估和安全生产检查。

根据项目风险评估等级,在工程沿线受影响区域作出相应风险提示。

①不得对咨询、勘察、设计、监理、施工、设备租赁、材料供应、检测等单位提出不符合工程安全生产法律、法规和工程建设强制性标准规定的要求。

②不得违反或者擅自简化基本建设程序。

③不得随意压缩工期,工期确需调整的,应当对影响安全的风险进行论证和评估,经合同双方协商一致,提出相应的施工组织和安全保障措施。

④不得明示或者暗示施工单位购买、租赁、使用不符合安全施工要求的产品、安全防护用具、机械设备、施工机具及配件、消防设施和器材。

⑤建设单位在编制工程招标文件时,应当确定公路水运工程项目安全作业环境及安全施工措施所需的安全生产费,并按规定提供。

(2)勘察单位应当按照法律、法规和工程建设强制性标准进行实地勘察。

①针对不良地质、特殊性岩土、有毒有害气体等不良情形或者其他可能引发工程生产安全事故的情形加以说明并提出防治建议。勘察单位提交的勘察文件必须真实、准确,满足公路水运工程安全生产的需要。

②勘察单位及勘察人员对勘察结论负责。

(3)设计单位应当按照法律、法规、规章、工程建设强制性标准进行设计,防止因设计不合理导致安全生产隐患或生产安全事故的发生。

①设计单位应当考虑施工安全操作和防护的需要,对涉及施工安全的重点部位和环节在设计文件中加以注明,提出安全防范意见。

②依据设计风险评估结论,对存在较高安全风险的工程部位还应当增加专项设计,并组织专家进行论证。

③采用新结构、新工艺、新材料的工程和特殊结构工程,设计单位应当在设计文件中提出保障施工作业人员安全和预防生产安全事故的措施建议。

④设计单位和设计人员应当对其设计负责。

(4)监理单位应当按照法律、法规和工程建设强制性标准进行监理,对工程安全生产承担监理责任。

①监理单位应当审核施工项目安全生产条件,审查施工组织设计中安全措施和专项施工方案。

②在实施监理过程中,发现存在安全事故隐患的,应当要求施工单位整改;情节严重的,应当下达工程暂停令,并及时报告建设单位。施工单位拒不整改或者不停止施工的,监理单位应当及时向有关主管部门书面报告,并有权拒绝计量支付审核。

③监理单位应当如实记录安全事故隐患和整改验收情况,对有关文字、影像资料应当妥善保存。

(5)试验检测或者施工监测的单位应当按照法律、法规、工程建设强制性标准开展工作。所提交的试验检测或者施工监测数据应当真实、准确,数据出现异常时应当及时向合同委托方报告。

(6)依法设立的为安全生产提供技术、管理服务的机构,依照法律、法规、规章和执业准则,接受从业单位的委托为其安全生产工作提供技术、管理服务。

从业单位委托前述单位其他机构为其提供安全生产技术、管理服务的,保障安全生产的责任仍由本单位负责。

(7)施工单位安全职责。

①施工单位应当按照法律、法规、规章、工程建设强制性标准和合同文件组织施工,保障项目施工安全生产条件,对施工现场的安全生产工作全面负责。施工单位的项目负责人依法对项目的安全生产施工负责。

②建设工程实行施工总承包的,由总承包单位对施工现场的安全生产负总责。分包单位应当服从总承包单位的安全生产管理,分包单位不服从管理导致生产安全事故的,由分包单位承担主要责任。

③施工单位应当书面明确本单位的项目负责人,代表本单位组织实施项目施工生产,项目负责人、专职安全生产管理人员履行职责,详见表4-1-5。

项目负责人、专职安全员履行安全职责　　　　　　表4-1-5

序号	项目负责人履行安全职责	专职安全生产管理人员履行职责
1	建立项目安全生产责任制,实施相应的考核与奖惩	组织或者参与拟订本单位安全生产规章制度、操作规程,以及合同段施工专项应急预案和现场处置方案
2	按规定配足项目专职安全生产管理人员	组织或者参与本单位安全生产教育和培训,如实记录安全生产教育和培训情况
3	结合项目特点,组织制定项目安全生产规章制度和操作规程	督促落实本单位施工安全风险管控措施
4	组织制定项目安全生产教育和培训计划	组织或者参与本合同段施工应急救援演练
5	督促项目安全生产费用的规范使用	检查施工现场安全生产状况,做好检查记录,提出改进安全生产标准化建设的建议

续上表

序号	项目负责人履行安全职责	专职安全生产管理人员履行职责
6	依据风险评估结论,完善施工组织设计和专项施工方案	及时排查、报告安全事故隐患,并督促落实事故隐患治理措施
7	建立安全预防控制体系和隐患排查治理体系,督促、检查项目安全生产工作,确认重大事故隐患整改情况	制止和纠正违章指挥、违章操作和违反劳动纪律的行为
8	组织制定本合同段施工专项应急预案和现场处置方案,并定期组织演练	—
9	及时、如实报告生产安全事故并组织自救	—

④施工单位应当推进本企业承接项目的施工场地布置、现场安全防护、施工工艺操作、施工安全管理活动记录等方面的安全生产标准化建设,并加强对安全生产标准化实施情况的自查自纠。

⑤应当根据施工规模和现场消防重点建立施工现场消防安全责任制度,确定消防安全责任人,制定消防管理制度和操作规程,设置消防通道,配备相应的消防设施、物资和器材。对施工现场临时用火、用电的重点部位及爆破作业各环节应当加强消防安全检查。

⑥施工单位应当将专业分包单位、劳务合作单位的作业人员及实习人员纳入本单位统一管理。

⑦新进人员和作业人员进入新的施工现场或者转入新的岗位前,施工单位应当对其进行安全生产培训考核。

⑧施工单位采用新技术、新工艺、新设备、新材料的,应当对作业人员进行相应的安全生产教育培训,生产作业前还应当开展岗位风险提示。

⑨施工单位应当建立健全安全生产技术分级交底制度,明确安全技术分级交底的原则、内容、方法及确认手续。

五、公路施工环保

环保,全称环境保护,是指人类为解决现实的或潜在的环境问题,协调人类与环境的关系,保障经济、社会的持续发展而采取的各种行动的总称。

在公路工程施工阶段,环保管理工作是不可缺少的管理内容之一,各参建单位应做好如下要点,以保证公路沿线环境受到最小的影响,并且不得影响沿线居民的正常生活及工作。

(1)施工单位应根据现场情况编制防止、减少环境污染和生态破坏的专项环保方案。

(2)施工单位应有环保负责人,同时应对施工人员做环保教育。

(3)施工场地布设、材料堆放、施工产生的"三废"及生活垃圾处理是否符合环保要求。

(4)施工现场、临时便道、料场等干燥易扬尘区域洒水防尘措施是否可行。

(5)落实水土保持措施,尤其是取土坑、弃土堆等重点部位的防护与植被恢复。

(6)监理单位应对施工单位编制的环保方案进行审批,并督促施工单位进行措施、方案落实。

任务实施

7.工程施工认知——
任务实施

回答"任务描述"问题:质监局张某的做法是否合法?

1.分析本案例所涉及的法律问题

本案例涉及的法律问题是公路建设质量监督局是否有权对该公路项目进行质量监督管理。

2.找出质量监督相关规定

公路工程实行"政府监督、法人管理、社会监理、企业自检"的质量管理与保证体系。质量监督局代表交通运输主管部门对项目进行"政府监督"职责。

《公路建设监督管理办法》第五条,公路建设监督管理的职责包括:

(1)监督国家有关公路建设工作方针、政策和法律、法规、规章、强制性技术标准的执行;

(2)监督公路建设项目建设程序的履行;

(3)监督公路建设市场秩序;

(4)监督公路工程质量和工程安全;

(5)监督公路建设资金的使用;

(6)指导、检查下级人民政府交通主管部门的监督管理工作;

(7)依法查处公路建设违法行为。

3.本案例结论

《公路建设监督管理办法》规定了交通主管部门及其所属的质量监督机构对工程质量负监督责任即"监督公路工程质量和工程安全"。

因此本案例中质监局工作人员张某的做法是合法的,是质保体系中"政府监督"层次的质量管理。

工程案例

案例描述

某省交通运输厅检查组在组织施工现场安全排查过程中,要求施工单位提供施工安全管理相关内业资料。

案例问题

检查组该要求是否合法？为什么？

案例分析

步骤	找问题	分析
第一步	分析该案例所涉及的法律问题	从事件描述来看，本案例涉及的法律问题是交通主管部门在进行安全管理过程中可采取什么措施
第二步	分析交通主管部门在进行安全管理过程中可采取什么措施	《公路建设监督管理办法》第二章第七条监督部门的职责与权限规定： 县级以上人民政府交通主管部门按照有关规定负责本行政区域内公路建设项目的监督管理。 (1) 被检查单位提供有关公路建设文件和资料； (2) 进入被检查单位的工作现场进行检查； (3) 对发现的工程质量和安全问题以及其他违法行为依法处理

案例结论

检查组的要求是合法的，因为其有权调阅有关工程安全管理的文件和相关照片、录像及电子文本等资料。

技能训练

根据学习内容，熟悉公路安全监督检查和处理，完成本任务工单4-1-1。

熟悉公路安全监督检查和处理	任务工单4-1-1
根据规定： ①交通运输主管部门应当对公路水运工程安全生产行为和下级交通运输主管部门履行安全生产监督管理职责情况进行监督检查。 ②交通运输主管部门应当依照安全生产法律、法规、规章及工程建设强制性标准，制定年度监督检查计划，确定检查重点、内容、方式和频次。 ③加强与其他安全生产监管部门的合作，推进联合检查执法。	
1.交通运输主管部门对公路水运工程安全生产行为的监督检查主要包括哪些方面？（40分）	
2.交通运输主管部门对监督检查中发现的安全问题或者安全事故隐患，根据情况应当如何处理？（60分）	
任务评价	总分：100分　　　　得分：_____

任务 2　公路施工法律法规认知

思维导图

```
                        ┌── 公路施工中涉及法律法规
公路施工法律法规认知 ──┤
                        └── 公路施工中的标准、规范
```

任务描述

某运输公司运送钢模板到某高速公路施工现场，私下找施工劳务方组织人员和起重机进行模板卸车作业。货车司机将捆绑模板的钢丝绳解开，两名工人将固定三块墩柱模板两侧的金属绑带拆除后，两人爬到模板上方准备挂钩，模板失稳后突然发生侧滑，两人随之跌落，分别被两块模板砸压伤亡，如图 4-2-1 所示。

8. 工程施工法律法规认知—任务描述

图 4-2-1　事故现场

问题：本案例属于什么责任事故？请说明理由。

任务分析

1. 找出该案例涉及的法律问题；
2. 在所涉及的法律问题中找出与该案例相关的规定；
3. 找出相关规定，选出适用该案例的具体条款，再对该案例所提问题进行解答。

理论知识

一、公路施工中涉及法律法规

公路交通作为交通运输体系的重要组成部分,在国民经济发展中正发挥着越来越重要的作用。截至 2022 年底,中国公路总里程已经达到 535.48 万 km,高速公路里程 17.73 万 km。

公路施工质量不仅关乎政府的投资、建设单位的经济效益、施工企业的市场形象,而且直接影响公路的使用性能及驾驶员的行车安全,同时,公路建设各从业单位和人员也承担着相应的法律风险。因此,高质量的道路建设应该得到建设、设计、施工等各单位的高度重视。

公路施工中涉及主要法律法规包括:《中华人民共和国公路法》《中华人民共和国安全生产法》《中华人民共和国行政许可法》《中华人民共和国招标投标法》《建设工程质量管理条例》《建设工程安全生产管理条例》《公路水运工程质量监督管理规定》《公路水运工程安全生产监督管理办法》《公路水运工程试验检测管理办法》等。

二、公路施工中的标准、规范

在公路工程施工过程中,参与建设的单位多、人数多,人员结构层次不同、分工不同、职责不同。为了更好地落实质量安全要求,履行各方质量安全职责,需要有统一的指导性文件供各参建单位、人员使用,这就是施工阶段所使用的标准、规范,可将其分为检测、施工、质量安全三类,如图 4-2-2 所示。

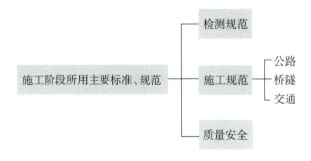

图 4-2-2 施工阶段所用标准、规范分类

1. 检测规范

检测规范包括对材料及施工成品的检测,现行主要规范详见表 4-2-1。

现行主要公路检测规范　　　　　　　　　表 4-2-1

序号	编号	标准、规范名称
1	JTG E20—2011	公路工程沥青及沥青混合料试验规程
2	JTG 3420—2020	公路工程水泥及水泥混凝土试验规程
3	JTG 3430—2020	公路土工试验规程
4	JTG E41—2005	公路工程岩石试验规程
5	JTG E42—2005	公路工程集料试验规程
6	JTG E50—2006	公路工程土工合成材料试验规程
7	JTG E51—2009	公路工程无机结合料稳定材料试验规程
8	JTG 3450—2019	公路路基路面现场测试规程
9	JTG/T E61—2014	公路路面技术状况自动化检测规程

2. 施工规范

施工规范根据专业的不同分为公路、桥隧及交通三类,现行施工规范详见表 4-2-2。

现行主要公路施工规范　　　　　　　　　表 4-2-2

序号	专业	编号	标准、规范
1	公路	JTG/T 3610—2019	公路路基施工技术规范
2	公路	JTG/T F20—2015	公路路面基层施工技术细则
3	公路	JTG/T F30—2014	公路水泥混凝土路面施工技术细则
4	公路	JTG/T F31—2014	公路水泥混凝土路面再生利用技术细则
5	公路	JTG F40—2004	公路沥青路面施工技术规范
6	公路	JTG/T 5521—2019	公路沥青路面再生技术规范
7	桥隧	JTG/T 3650—2020	公路桥涵施工技术规范
8	桥隧	JTG/T 3660—2020	公路隧道施工技术规范
9	交通	JTG/T 3671—2021	公路交通安全设施施工技术规范
10	交通	JTG/T F72—2011	公路隧道交通工程与附属设施施工技术规范

3. 质检安全规范

质检安全规范包括质量检验及安全管理两类规范,现行主要规范详见表 4-2-3。

现行主要公路质检安全规范　　　　　　　　　表 4-2-3

序号	编号	书名
1	JTG F80/1—2017	公路工程质量检验评定标准　第一册　土建工程
2	JTG 2182—2020	公路工程质量检验评定标准　第二册　机电工程
3	JTG G10—2016	公路工程施工监理规范
4	JTG F90—2015	公路工程施工安全技术规范

任务实施

8.工程施工法律法规认知—任务实施

回答"任务描述"问题:本案例属于什么责任事故?

1. 分析本案例所涉及的法律问题

本案例是运输公司私下找施工劳务方组织人员和起重机进行模板卸车作业,所涉及法律问题是建设工程安全生产管理问题。

2. 找出安全生产相关规定

《建设工程安全生产管理条例》第十七条规定:"在施工现场安装、拆卸施工起重机械和整体提升脚手架、模板等自升式架设设施,必须由具有相应资质的单位承担"。

本案例劳务公司现场生产负责人王某在组织工人配合吊装作业时,未安排信号指挥人员及安全监管人员进行现场管理,同时安排不具备相关能力的钢筋班组工人配合吊装作业,是事故发生的主要原因,负主要责任;劳务现场实际负责人严某在安排王某组织工人配合吊装作业时,未对王某进行有针对性的安全教育,是重要原因,对事故发生负有重要责任。

《生产安全事故报告和调查处理条例》第三条规定:"一般事故,是指造成3人以下死亡,或者10人以下重伤,或者1000万元以下直接经济损失的事故"。

3. 本案例结论

本案例是一起因劳动组织不合理、安全管理不到位引发的一般生产安全责任事故。

工程案例

案例描述

2021年,执法人员对某高速公路某特大桥示证检查,发现12号墩柱平台处100吨履带起重机起重吊装时未设置明显的安全警示标志。执法人员立即要求施工作业人员停止作业,消除现场作业安全隐患。

案例问题

执法人员要求是否合法?为什么?

案例分析

步骤	找问题	分析
第一步	分析案例所涉及的法律法规问题	从事件描述来看,本案例涉及的法律问题是《中华人民共和国安全生产法》《建设工程安全生产管理条例》

续上表

步骤	找问题	分析
第二步	分析本案例涉及的法律法规条款	(1)《中华人民共和国安全生产法》第三十五条规定:"生产经营单位应当在有较大危险因素的生产经营场所和有关设施、设备上,设置明显的安全警示标志"。 (2)《建设工程安全生产管理条例》第三十一条规定:"施工单位应当在施工现场建立消防安全责任制度,确定消防安全责任人,制定用火、用电、使用易燃易爆材料等各项消防安全管理制度和操作规程,设置消防通道、消防水源,配备消防设施和灭火器材,并在施工现场入口处设置明显标志"。 (3)《公路工程施工安全技术规范》(JTG F90—2015):"施工现场出入口、沿线各交叉口、施工起重机械、临时用电设施及脚手架等临时设施、民爆物品和易燃易爆危险品库房、孔洞口、基坑边沿、桥梁边沿、码头边沿、隧道洞口和洞内等危险部位,应设置明显的安全警示标志和必要的安全防护设施"

案例结论

经立案审批、内勤调查、整改复核、案件处理和处罚决定,根据《中华人民共和国安全生产法》规定,依法作出行政处罚。所以执法人员的要求是合法的。

任务 3　施工单位的权利、义务与责任认知

思维导图

任务描述

某二级公路由 A 路桥公司负责施工,B 监理公司负责监理。

该公路于 2020 年 9 月 20 日施工完成但未组织验收。在完工后的第 5 天即 2020 年 9 月 25 日,公路上的一隧道内电缆被偷盗,部分设施被损坏,直接经济损失达 380 万元,随后 A 公司将损失情况上报至监理工程师,希望能给予一定的补偿,监理工程师作出不予补偿的

9.监理权利、义务与责任认知——任务描述

批示。

问题：在本案例中，监理工程师的处理方法是否正确？为什么？

任务分析

1. 找出该案例涉及的法律问题；
2. 找出适用该案例的法律法规及相关规定；
3. 根据找出的相关规定，选出适用该案例的具体条款，再对该案例所提问题进行解答。

理论知识

一、施工单位的权利

施工单位指具有企业法人资格，持有工商行政管理机关核发的营业执照和建设行政主管部门颁发的资质证书，在核准的资质等级许可范围内承揽工程施工业务，且通过相关程序被建设单位或工程实施单位选中并与之签订了公路工程施工合同协议书的单位。

施工单位是项目施工的直接参与者，其对项目的建设效果起着不可替代的作用。

根据 FIDIC 合同条件，施工单位享有如下权利：

（1）拒绝接受指定分包人的权利；

（2）提出索赔的权利。由于非施工单位的原因造成工程费用的增加或工期的延误，施工单位有权提出费用索赔和工期索赔。

（3）终止受雇和暂停工作的权利。

（4）提出仲裁的权利。

二、施工单位的义务

（一）FIDIC 合同条件规定的义务

（1）按规定工期完工的义务；

（2）对工程的质量负责的义务；

（3）照管现场、保证安全的义务；

（4）清理现场的义务；

(5)保护坐标点和水准点的义务；

(6)执行监理工程师指令的义务；

(7)遵守国家、地区成文的法令、法规的义务。

(二)我国法规规定的义务

根据《工程建设施工合同(示范文本)》及《公路工程施工监理合同范本》等，施工单位有如下主要义务：

(1)按要求提供项目总体进度计划及年、季、月工程进度计划以及相应进度统计报表和工程事故报告。

(2)按工程需要提供和维修非夜间施工使用的照明、看守、围栏和警卫等。如施工单位未履行上述义务造成工程事故、财产和人身伤害，由施工单位承担责任及所发生的费用。

(3)按协议条款约定的数量和要求，向甲方代表及监理单位提供在施工现场办公和生活的房屋及设施，发生的费用由建设单位承担。

(4)遵守地方政府和有关部门对施工场地交通和施工噪声等管理规定，经建设单位同意后负责办理有关手续，并承担自身责任造成的罚款。

(5)已竣工工程未交付建设单位之前，施工单位按协议条款约定负责已完工程的成品保护工作，保护期间发生损坏，施工单位自费予以修复。

(6)按合同的要求做好施工现场地下管线和临近建筑物、构筑物的保护工作。

(7)保证施工现场的清洁符合有关规定。交工前清理现场，达到合同文件的要求，承担违反有关规定造成的损失和罚款。

三、施工单位的主要责任

根据《工程建设施工合同(示范文本)》及《公路工程施工监理合同范本》等，承包人应承担的责任主要有如下几点：

(1)施工准备责任。包括技术准备、物资及劳动组织准备、施工现场准备等全方位准备，以满足开工条件。

(2)施工单位不能按合同工期竣工、施工质量达不到设计和规范的要求、或发生其他使合同无法履行的行为，甲方代表可通知施工单位按协议条款约定支付违约金，赔偿因其违约给建设单位造成的损失。

(3)施工单位根据协议条款约定，按照设计和规范的要求采购工程需要的材料设备，并提供产品的合格证明。

（4）工程分包后，不能解除施工单位的责任，施工单位应在分包出去的工程现场派驻相应的监督管理人员，以保证合同的履行。分包单位的任何违约或疏忽，均视为施工单位的违约或疏忽，并承担相应责任。

（5）工程质量责任。由于施工单位的原因造成工程质量不符合合同规定的，施工单位应负责无偿修理或返工，由此造成工程逾期交付的，应支付逾期违约金。

（6）工程交付责任。承包人应按合同规定的时间如期完工和交付，由于承包人的原因造成工程逾期交付的，承包人应承担相应的违约责任。

（7）工程保修责任。在合同规定的保修期内，承包人对属于承包人责任的工程质量问题，负责无偿修理。

（8）防止损失扩大的责任。因建设单位的原因致使工程中途停建、缓建的建设单位应及时通知施工单位采取适当的措施防止损失扩大；施工单位没有采取适当措施致使损失扩大的，不得就扩大的损失要求赔偿。

（9）廉政责任。施工单位未能遵守廉政协议，应承担相应的法律责任。

任务实施

9.监理权利、义务与责任认知—任务实施

回答"任务描述"问题：监理工程师的处理方法是否正确？

1.分析本案例所涉及的法律问题

本案涉及的法律问题是施工单位的义务。

2.施工单位义务的相关规定

已竣工工程未交付业主之前，施工单位按协议条款约定负责已完工程的成品保护工作，保护期间发生损坏，施工单位自费予以修复。

3.本案例结论

从施工单位义务的规定可看出，尽管项目已竣工但未进行竣工验收，因此A公司仍然是项目所有设施设备的管理者，发生的损失由A公司负责，因此B监理公司的监理工程师做法正确。

工程案例

案例描述

某二级公路由A交通运输局担任业主负责实施，B监理公司承担监理业务，C路桥公司承担施工任务。项目开工半年后，由于国家政策调整，该二级公路提高等级直接修建为高速公路,因此 A 局下发停工通知,B 监理公司负责对已完成工程计量。当时一小桥桥台基坑开挖完成且验收通过,但该项目在进行清理结算时,施工单位申报了该小桥的桥台混凝土工程量,经 B 公司相关人员到现场核实,该小桥的桥台混凝土已浇筑完成。

案例问题

应该对 C 公司的该小桥桥台混凝土进行计量支付吗？为什么？

案例分析

步骤	找问题	分析
第一步	分析该案例涉及的法律问题	从事件描述来看,该案例是关于防止损失扩大的责任问题
第二步	找出防止损失扩大的责任的相关规定	在施工单位的责任中有"防止损失扩大的责任",相关规定指出:因业主的原因致使工程中途停建、缓建的,业主应及时通知施工单位采取适当的措施防止损失扩大;施工单位没有采取适当措施致使损失扩大的,不得就扩大的损失要求赔偿

案例结论

不能对桥台混凝土进行计量支付,因为该桥台混凝土是 A 局下发通知后 C 公司自行施工的,属于扩大损失,C 公司不得就扩大的损失要求赔偿。

技能训练

根据学习内容,熟悉公路工程建设施工、监理合同,完成本任务工单 4-3-1。

熟悉公路工程建设施工、监理合同　　　　　　　　任务工单 4-3-1

某高速公路由 A 公司负责施工,在施工过程中产生了如下事件,试根据《工程建设施工合同(示范文本)》及《公路工程施工监理合同文本》等,对各事件进行判决处理。

1.因预制场产生噪声被当地环保局下发整改通知书,A 公司对该通知书不予认可,其认为该高速公路项目主管单位是省交通运输厅,由省直属相关部门进行管理,与地方无关,这个说法是否正确？为什么？(30 分)

续上表

	2.A公司在施工过程中,一处边坡产生坍塌导致边坡外侧一栋民房成为危房。该民房维修产生的费用是否应该由A公司承担?为什么?(30分)

	3.该项目在交工验收时,多个路段的路面被当地居民污染,监理单位向A公司发出清洁整改通知,监理单位的这一做法是否正确?为什么?(40分)

任务评价	总分:100分　　　　　得分:_____

知 识 巩 固

序号	任务开展
1	简述施工单位及施工单位项目负责人的安全职责(30分)
2	简述各参建方在造价管理中的职责(30分)

续上表

序号	任务开展
3	列举出 FIDIC 合同条件规定的建设单位义务(20分)
4	列举出 FIDIC 合同条件规定的建设单位责任(20分)
任务评价	总分:100分　　　　得分:_____

目 标 测 评

1. 知识测评

序号	评分标准	配分	得分
1	掌握公路工程施工程序	15	
2	熟悉公路施工中涉及的法律法规	30	
3	了解施工单位的权利、义务与责任	15	
4	本模块(P120)的"知识巩固"得分	40	换算得分_____
	总分	100	

2. 技能测评

序号	技能点	任务工单	配分	得分
1	熟悉公路安全监督检查和处理	任务工单 4-1-1	50	
2	熟悉公路工程建设施工、监理合同	任务工单 4-3-1	50	
	总分		100	

注:换算得分的算法。

例如,任务工单1得分为80分,配分为10分,则换算得分即为:80×10% = 8分。

总体目标测评_____

模块五　公路建设监理法律法规

在社会主义市场经济体制下,建设工程监理注重具体工程项目的实际效益,是紧紧围绕工程项目投资活动和生产活动建设所实施的监督管理。为解决公路工程项目在实施建设活动中的质量、生产安全及业主投资效益等问题,就必须用相关法律及规范、标准来指导公路建设监理工作。

公路建设监理遵循的法律主要有《中华人民共和国公路法》《中华人民共和国建筑法》《中华人民共和国招标投标法》《中华人民共和国安全生产法》《中华人民共和国刑法》《中华人民共和国节约能源法》《中华人民共和国消防法》《中华人民共和国防震减灾法》《中华人民共和国民法典》,部分法律如图 5-0-1 所示;公路建设监理遵循的法规主要有《建设工程监理范围和规模标准规定》《公路建设监督管理办法》《公路工程竣工验收办法与实施细则》《建设工程安全生产管理条例》《建设工程质量管理条例》《中华人民共和国招标投标法实施条例》《生产安全事故报告和调查处理条例》《民用建筑节能条例》《公共机构节能条例》《注册监理工程师管理规定》等,部分法规如图 5-0-2 所示。

图 5-0-1　公路建设监理部分法律

公路建设监理规范主要有《公路工程施工监理规范》(JTG G10—2016)、《建筑地基基础工程施工质量验收标准》(GB 50202—2018)、《建筑桩基技术规范》(JGJ 94—2008)等。

本模块学习内容为公路建设监理认知、公路监理法律法规认知、公路建设监理单位的权利、责任和义务认知。

图 5-0-2　公路建设监理部分法规

学习目标

知识目标	1. 了解公路建设监理的概念及原则； 2. 了解公路建设监理与工程建设各方的关系； 3. 了解公路建设监理的工作内容及工作程序； 4. 熟知监理单位的权利、义务与责任
能力目标	1. 掌握公路建设监理的工作内容； 2. 能够根据公路建设监理工作需要选择合适的法律法规及标准规范

任务 1　公路建设监理认知

思维导图

任务描述

10. 监理法律法规认知—任务描述

某污水处理厂要翻修厂区门前500m的公共道路,总投资500万元。

因该厂负责人不懂工程建设,又想节约监理委托费,于是找到一个从事监理行业的朋友王某帮忙,承接这500m公共道路的工程建设监理工作。

王某作为朋友帮忙,自己也能额外的赚取一些监理费,于是承接了这项监理工作。

问题: 在该事件中,该厂负责人做法是否妥当?王某的做法是否违法?

任务分析

1. 找出该案例适用的法律法规;
2. 在适用的法律法规中找出与该案例相关的规定;
3. 找出的相关规定,选出适用该案例的具体条款对该案例所提问题进行解答。

理论知识

一、公路建设监理概念

公路建设监理是指具有相应资质的工程监理企业接受建设单位的委托,依据国家批准的工程项目文件、有关工程建设的法律、法规和工程监理合同及其他工程建设合同对工程建设实施监督管理的专门活动。

公路建设监理相关概念,详见表5-1-1。

公路建设监理相关概念 表5-1-1

序号	相关概念	定义
1	监理机构	是监理单位依据监理合同派驻工程现场,由监理人员和其他工作人员组成,是全面履行监理合同的机构
2	监理人员	是一个职位,指经过监理业务培训,具有同类工程相关专业知识,从事具体监理工作的人员,主要负责学习和贯彻有关建设监理政策
3	监理工程师	是指经全国统一考试合格,取得监理工程师资格证书并经注册登记的工程建设监理人员。监理工程师是代表建设单位监控工程质量、工程进度、投资控制以及合同管理、安全管理、组织与协调,是建设单位和承包商之间的桥梁

续上表

序号	相关概念	定义
4	总监理工程师	是由工程监理单位法定代表人书面任命,负责履行建设工程监理合同、主持项目监理机构工作的注册监理工程师
5	驻地监理工程师	是取得相应监理工程师任职资格、经总监理工程师授权、全面负责某一部分(或某个合同段)工程现场监理工作的主要的监理人员
6	建设单位(业主)项目法人	是委托监理的一方。建设单位在工程建设中拥有确定建设工程规模、标准、功能以及选择勘察、设计、施工、监理企业等工程建设中重大问题的决定权
7	工程监理企业（也称工程监理单位）	是指取得企业法人营业执照,具有监理资质证书的依法从事建设工程监理活动的经济组织

二、我国相关法律、法规对工程监理的相关规定

1.《中华人民共和国公路法》第二十三条规定

公路建设项目应当按照国家有关规定实行法人负责制度、招标投标制度和工程监理制度。

2.《中华人民共和国公路法》第二十四条规定

公路建设单位应当根据公路建设工程的特点和技术要求,选择具有相应资格的勘查设计单位、施工单位和工程监理单位,并依照有关法律、法规、规章的规定和公路工程技术标准的要求,分别签订合同,明确双方的权利义务。

承担公路建设项目的可行性研究单位、勘查设计单位、施工单位和工程监理单位,必须持有国家规定的资质证书。

3.《建设工程质量管理条例》第十二条规定

实行监理的建设工程,建设单位应当委托具有相应资质等级的工程监理单位进行监理,也可以委托具有工程监理相应资质等级并与被监理工程的施工承包单位没有隶属关系或者其他利害关系的该工程的设计单位进行监理。

三、公路建设监理的原则

1. 依法监理的原则

守法是监理单位必须遵守的基本行业准则。对于建设监理单位来说,守法就是要依法开展监理工作。我国为了维护正常的经济秩序和促进监理制度的健康发展,已颁布了不少相应法规,就建设监理单位的设立及资质管理、工程建设监理的范围、工程建设监理的合同、工程建设监理的经济等作了明确的规定。所有的工程建设监理活动都必

须遵守这些规定,不得违反。否则,将导致监理活动无效,造成重大损失的还会追究其法律责任。

2. 科学、公正的原则

公正是指监理单位在处理建设单位与施工单位之间的矛盾和纠纷时,应该做到公平,应该"一碗水端平",不能因为监理单位接受建设单位的委托就偏袒建设单位。科学是指监理单位的监理活动要依据科学的方案,运用科学的手段、采取科学的方法。

3. 参照国际惯例的原则

在西方发达国家,建设监理有着悠久的发展历史,而今已趋于成熟和完善,形成了相对稳定的体系,具有严密的法规、完善的组织机构以及规范化的方法、手段和实施程序等,国际咨询工程师联合会(法文缩写 FIDIC,中文音译为"菲迪克"),制定的土木工程合同条款(即 FIDIC 条款),被国际建筑界普遍认可采用。这些条款总结了世界土木工程建设百余年的经验,把工程技术、管理、经济、法律各方面内容有机地、科学地结合在一起,突出监理工程师的负责制,为建设监理制的规范化和国际化起到了重要作用。因此,我国建立建设监理体系,要充分研究和借鉴国际间同行的做法和经验,吸取其有益之处。

四、公路建设监理企业与工程建设各方的关系

在项目实施过程中,建设单位、监理企业和承包商构成了建筑市场的三个基本支柱,建设单位通过合同委托监理单位对公路建设项目从拟建阶段到最后的缺陷责任期阶段进行全方位、全过程监督管理,他们三者的责权利是通过建设单位与监理单位及建设单位与承包商之间所签订的合同来约定。所以,承包商与监理企业之间虽无合同关系,但承包商必须接受监理企业的监督管理。

为使公路工程建设项目顺利进行,住房和城乡建设部、国家工商行政管理总局等部门编制了《建设工程施工合同(示范文本)》《建设工程委托监理合同(示范文本)》,国际咨询工程师联合会也编制了 FIDIC 合同文本,供建设各方参照。

这些合同文本对建设单位、监理单位及承包商之间的工作关系作了明确的规定。公路建设企业与建设单位之间是一种平等的关系,是委托与被委托的合同关系,更是相互依存、相互促进、共兴共荣的紧密关系;监理单位与承包商都受聘于建设单位,他们之间既没有任何合同,也没有任何协议,他们之间的关系在建设单位与承包商签订的合同条件中可以明确地体现出来,所以,监理单位与承包商的关系是市场经济中的平等关系,是监理与被监理的关系。正确处理建设单位、监理单位、承包商三者的关系,是保证工程按合同条件进行的关键,其三者关系详见表 5-1-2。

公路建设监理与工程建设各方的关系   表 5-1-2

关系	监理单位与建设单位的关系	监理单位与承包商的关系
平等关系	（1）公路建设监理单位和建设单位都是市场经济中独立的企业法人。不同行业的企业法人，只有经营性质的不同、业务范围的不同，而没有主仆之分； （2）公路建设监理单位和建设单位都是建筑市场的主体。在建筑市场中，工程项目建设单位是买方，监理单位是中介服务方，为了一项工程建设而走到一起，建设单位为了能更好地做好工程项目建设，而委托监理单位替自己负责一些具体的事情； （3）双方都按照合同约定的条款。尽各自的义务，行使各自的权利，取得相应的利益	（1）承包商和监理单位都是建筑市场的主体之一，作为建筑市场的主体是平等的； （2）监理单位和承包商都必须在工程建设的法规、规章、规范、标准的制约下开展工作，两者之间不存在领导与被领导的关系
授权与被授权的关系	（1）监理单位接受建设单位委托后，建设单位将授予监理单位一定的权利，而不同的建设单位对监理单位授予的权利是不一样的； （2）建设单位自己掌握的权利包括：工程建设规模、设计标准和使用功能的决定权；设计、设备供应和施工企业的选定权；设计、设备供应和施工合同的签订权；工程变更的审定权等； （3）建设单位除了保留上述工程建设中重大问题的决策和决定权外，授予监理单位的权利有以下几项： ①工程建设重大问题向建设单位的建议权； ②工程建设组织协调的主持权； ③工程材料和施工质量的确认权与否决权； ④施工进度和工期的确认权与否决权； ⑤工程合同内工程款支付与工程结算的确认权与否定权	监理单位与承包商之间没有签订合同，但监理单位对工程建设中的行为具有监督管理权，这是因为： ①项目建设单位的授权； ②施工单位在工程设计和施工承包合同中也事先予以确认； ③建设法规赋予监理单位具有监督建设法规、技术法规实施的职责

小贴士

"承包商"不单是指施工企业，而是包括进行工程项目规划的规划单位、工程勘察的勘察单位、承担设计业务的设计单位、从事工程施工的施工单位，以及工程设备、工程构配件的加工制造单位在内的大概念。即凡是承接工程建设业务的单位相对建设单位来说，都是承包商。

任务实施

回答"任务描述"问题：该厂负责人做法是否妥当？王某的做法是否违法？

10. 监理法律法规认知—任务实施

1. 分析本案例所涉及的法律法规

本案涉及的法律法规主要是《中华人民共和国公路法》《建设工程质量管理条例》《注册监理工程师管理规定》及相关规定。

2. 选择合适的法律法规条款

《中华人民共和国公路法》第二十四条规定：

公路建设单位应当根据公路建设工程的特点和技术要求，选择具有相应资格的勘查设计单位、施工单位和工程监理单位，并依照有关法律、法规、规章的规定和公路工程技术标准的要求，分别签订合同，明确双方的权利义务。

承担公路建设项目的可行性研究单位、勘查设计单位、施工单位和工程监理单位，必须持有国家规定的资质证书。

《建设工程质量管理条例》第十二条规定：

实行监理的建设工程，建设单位应当委托具有相应资质等级的工程监理单位进行监理，也可以委托具有工程监理相应资质等级并与被监理工程的施工承包单位没有隶属关系或者其他利害关系的该工程的设计单位进行监理。

《注册监理工程师管理规定》第三十一条规定：

注册监理工程师在执业活动中有下列行为之一的，由县级以上地方人民政府建设主管部门给予警告，责令其改正，没收违法所得的，处以1万元以下罚款，有违法所得，处以违法所得3倍以下且不超过3万元的罚款；造成损失的，依法承担赔偿责任；构成犯罪的，依法追究刑事责任：

(1) 以个人名义承接业务的；

(2) 涂改、倒卖、出租、出借或者以其他形式非法转让注册证书或者执业印章的；

(3) 泄露执业中应当保守的秘密并造成严重后果的；

(4) 超出规定执业范围或者聘用单位业务范围从事执业活动的；

(5) 弄虚作假提供执业活动成果的；

(6) 同时受聘于两个或者两个以上的单位，从事执业活动的；

(7) 其他违反法律、法规、规章的行为。

3. 本案例结论

根据《建设工程质量管理条例》第十二条规定可知建设单位应当委托具有相应资质等级的工程监理单位进行监理。该项目需要监理进行项目监督管理时建设单位不能随意发包，所以，该厂负责人委托给个人进行承接项目程序不妥，属于违法行为。

根据《注册监理工程师管理规定》第三十一条第(一)款规定可知以个人名义承接业务的要受到由县级以上地方人民政府建设主管部门给予警告，责令其改正，没收违法所得的,处以 1 万元以下罚款,有违法所得,处以违法所得 3 倍以下且不超过 3 万元的罚款;造成损失的,依法承担赔偿责任;构成犯罪的,依法追究刑事责任。王某答应承接该项目的监理,也属于违规行为。

工程案例

案例描述

某二级公路工程项目施工划分为三个标段(合同段),建设单位组织了招标并分别与三家施工单位签订了施工承包合同,承包合同价分别为 4550 万元、3925 万元和 3333 万元人民币,合同工期分别为 36 个月、30 个月和 24 个月。根据第三标段施工合同约定,合同内的打桩工程由施工单位分包给专业基础工程公司施工。工程项目施工前,建设单位委托了一家具备资质的监理企业承担施工监理任务。

总监理工程师根据本项目合同结构特点组建了监理组织机构,绘制了建设单位、监理单位、被监理单位三方关系示意图,如图 5-1-1 所示。

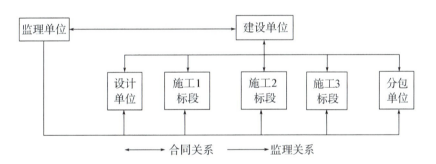

图 5-1-1　建设单位、监理单位、被监理单位三方关系示意图

案例问题

图 5-1-1 表达的建设单位、监理单位和被监理单位三方关系是否正确？为什么？

案例分析

步骤	找问题	分析
第一步	分析该案例涉及的法律问题	从事件描述来看,该案例是关于公路建设监理与工程建设各方关系的问题
第二步	分析项目的相关建设活动单位	项目为二级公路,有建设单位委托的监理单位、设计单位、三个标段的施工单位、专业基础工程的分包施工单位
第三步	找出体现监理与各方关系的相关规定	根据住房和城乡建设部、国家工商行政管理总局等部门编制的《建设工程施工合同(示范文本)》《建设工程委托监理合同(示范文本)》,国际咨询工程师联合会也编制了 FIDIC 合同文本对业主、监理企业及承包商之间的工作关系作了明确的规定:

续上表

步骤	找问题	分析
第三步	找出体现监理与各方关系的相关规定	(1)公路监理单位是建筑市场的主体之一,公路建设监理为项目建设单位提供有偿技术服务。公路建设企业与项目建设单位之间是一种平等的关系,是委托与被委托的合同关系,更是相互依存、相互促进、共兴共荣的紧密关系; (2)项目承包商,这里的承包商不单是指施工企业,而是包括进行工程项目规划的规划单位,工程勘察的勘察单位,承担设计业务的设计单位,从事工程施工的施工单位,以及工程设备、工程构配件的加工制造单位在内的大概念。凡是承接工程建设业务的单位相对业主来说,都是承包商。监理单位与承包都是受聘于业主,他们之间既没有任何合同,也没有任何协议。他们之间的关系在业主与承包商签订的合同条件中可以明确地体现出来。所以,监理单位与承包商之间关系是市场经济中的平等关系,是监理与被监理的关系

案例结论

该项目的关系组织图表达的三方关系不正确。因为建设单位与分包单位之间不是合同关系;因是施工阶段监理,故监理单位与设计单位之间无监理与被监理关系;因建设单位与分包单位无合同关系,故监理单位与分包单位之间不是直接的监理与被监理关系;建设单位与监理单位不是监理关系,而是合同关系。

技能训练

根据学习内容,熟悉公路工程监理委托、合同,完成本任务工单5-1-1。

熟悉公路工程监理委托、合同　　　　　　　　　　　任务工单5-1-1

(1)某二级公路项目划分为 A、B 两个施工标段。
(2)工程监理合同签订后,监理单位将本项目的组织机构及总监理工程师任命书递交给建设单位;该总监理工程师因有在建项目,需一年后才可常驻该项目,根据工程专业特点,监理单位委派甲和乙为总监理工程师代表。甲、乙均不是注册监理工程师,但甲具有高级工程师职称,在监理岗位任职 15 年;乙具有工程师职称,已取得了建造师执业资格证书尚未注册,有 5 年施工管理经验,1 年前经培训开始在监理岗位就职。
(3)建设单位同意对总监理工程师的任命,但认为甲、乙二人均不是注册监理工程师,不同意二人担任总监理工程师代表。
(4)监理单位接受建设单位的意见,后对项目监理机构人员进行调整,安排乙担任专业监理工程师。

1.建设单位不同意甲、乙担任总监理工程师代表的理由是否正确?为什么?(50分)

续上表

2.监理单位安排乙担任专业监理工程师是否妥当？为什么？（50分）
任务评价　　　　　　　　　　总分：100分　　　　得分：_____

任务2　公路监理法律法规认知

思维导图

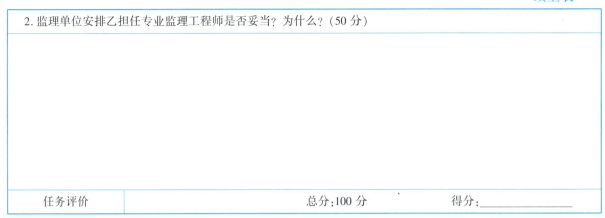

任务描述

某公路工程在实施监理过程中，监理员将施工项目部编制的专项施工方案交给总监理工程师后，发现现场吊装作业吊车发生故障。

为了不影响进度，施工项目经理调来另一台吊车，该吊车比施工方案确定的吊车吨位稍小，但经安全检测可以使用。

监理员立即将此事向总监理工程师汇报，总监理工程师以专项施工方案未经审查批准就实施为由，签发了停止吊装作业的指令。

施工项目经理签收暂停令后，仍要求施工人员继续进行吊装。

总监理工程师报告了建设单位，建设单位负责人称工期紧迫，要求总监理工程师收回吊装作业暂停令。

问题：建设单位、总监理工程师在处理该事件时是否有不妥之处，若有请说明正确做法？

任务分析

1. 找出该案例适用的法律法规；
2. 在适用的法律法规中找出与该案例相关的规定；
3. 在找出的相关规定中选出适用该案例的具体条款，再对该案例所提问题进行解答。

理论知识

一、实行监理的工程项目

工程活动中，虽然监理是基于建设单位的委托，由监理单位自愿承担完成的工作，但与社会公共利益关系重大的工程，为确保工程质量，提高工程建设管理水平，国家规定必须强制实行监理制度。

实行监理的建设工程，建设单位应当委托具有相应资质等级的监理单位进行工程监理，也可以委托具有工程监理相应资质等级并与被监理工程的施工单位没有隶属关系或者其他利害关系的该工程设计单位进行监理。

由国务院于2019年4月23日修订颁发的《建设工程质量管理条例》第十二条规定可知，我国必须实行工程建设监理的工程项目有五类，详见表5-2-1。

必须实行监理的工程项目一览表　　　　表5-2-1

序号	工程项目
1	国家重点建设工程
2	大中型公用事业工程
3	成片开发建设的住宅小区工程
4	利用外国政府或者国际组织贷款、援助资金的工程
5	国家规定必须实行监理的其他工程

为了确定必须实行监理的建设工程项目具体范围和规模标准，规范建设工程监理活动，《建设工程监理范围和规模标准规定》对必须实行工程建设监理的工程项目作了详细的解释，详见表5-2-2。

实行监理的建设工程项目具体范围和规模标准　　　　表5-2-2

序号	工程项目	具体范围和规模标准
1	国家重点建设工程	指依据《国家重点建设项目管理办法》所确定的对国民经济和社会发展有重大影响的骨干项目

续上表

序号	工程项目	具体范围和规模标准
2	大中型公用事业工程	指项目总投资额在3000万元以上的下列工程项目： ①供水、供电、供气、供热等市政工程项目； ②科技、教育、文化等项目； ③体育、旅游、商业等项目； ④卫生、社会福利等项目； ⑤其他公用事业项目
3	成片开发建设的住宅小区工程	建筑面积在5万平方米以上的住宅建设工程必须实行监理；5万平方米以下的住宅建设工程，可以实行监理，具体范围和规模标准，由省、自治区、直辖市人民政府建设行政主管部门规定。为了保证住宅质量，对高层住宅及地基、结构复杂的多层住宅应当实行监理
4	利用外国政府或者国际组织贷款、援助资金的工程	①使用世界银行、亚洲开发银行等国际组织贷款资金的项目； ②使用国外政府及其机构贷款资金的项目； ③使用国际组织或者国外政府援助资金的项目
5	国家规定必须实行监理的其他工程	（1）项目总投资额在3000万元以上关系社会公共利益、公众安全的下列基础设施项目： ①煤炭、石油、化工、天然气、电力、新能源等项目； ②铁路、公路、管道、水运、民航以及其他交通运输业等项目； ③邮政、电信枢纽、通信、信息网络等项目； ④防洪、灌溉、排涝、发电、引（供）水、滩涂治理、水资源保护、水土保持等水利建设项目； ⑤道路、桥梁、地铁和轻轨交通、污水排放及处理、垃圾处理、地下管道、公共停车场等城市基础设施项目； ⑥生态环境保护项目； ⑦其他基础设施项目。 （2）学校、影剧院、体育场馆项目

二、公路建设监理工作内容

监理服务是指监理单位接受建设单位的委托，依照法律、规范标准和监理合同等，对公路工程施工准备、施工、验收与缺陷责任期等阶段进行质量控制、进度控制、投资控制、合同管理、信息管理、组织协调和安全监理、环保监理的服务活动。所以公路建设监理的主要工作内容概括为"五监控、两管理、一协调"，即对公路工程施工质量、费用、进度、安全及环保进行监控；对公路工程合同和信息进行管理；协调有关单位之间的关系，如图5-2-1所示。

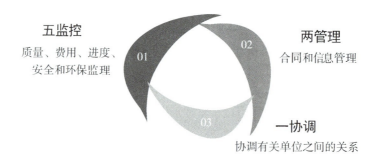

图 5-2-1 公路建设监理工作内容

（一）五监控

1. 质量控制

质量控制是指在实现工程建设项目总目标的过程中,为满足项目总体质量要求的有关监督管理活动。

2. 费用控制

费用控制是指根据合同及相关规范严格控制工程变更,严把计量、支付关,严格以质量合格、手续齐全且符合结构安全和环保要求作为计量支付的先决条件,进行计量、支付的项目不重、不漏、不错,做到数量、单价、总价等数字准确,最终实现费用控制目标的活动。

3. 进度控制

进度控制是指在实现建设项目总目标的过程中,为使工程建设的实际进度符合项目进度计划的要求,对工作程序和持续时间进行规划、实施、检查、调整等一系列监督管理活动的总称。

4. 安全监理

安全监理是指在施工过程中,对工程建设安全生产过程中的安全工作进行计划、组织、指挥、监督、调节和改进等一系列致力于满足安全生产的管理活动。

5. 环境保护监理

环境保护监理是指在施工过程中对是否按施工合同约定制定了防止、减少环境污染和生态破坏的措施进行监督管理。

（二）两管理

1. 合同管理

监理企业在建设工程监理过程中的合同管理主要是根据监理合同的要求对工程承包

合同的签订、履行、变更和解除进行监督、检查,对合同双方争议进行调解和处理,以保证合同的依法签订和全面履行。

监理工程师在合同管理中应当做好以下几个方面的工作:

(1)合同分析。它是对合同各类条款进行认真研究和解释,并找出合同的缺陷和弱点,发现和提出需要解决的问题。同时更为重要的是,对有可能引起合同变化的事件进行分析和研究,以便采取相应措施。合同分析对于促进合同各方履行义务、正确行使合同赋予的权利、监督工程的实施、解决合同争议、预防索赔和处理索赔等工作都是十分必要的。

(2)建立合同目录、编码和档案。合同目录和编码是采用图表方式进行合同管理的好工具,它为合同管理自动化提供了方便条件。合同档案的建立可以把合同条款分门别类地加以存放,为查询检索合同条款、分解和综合合同条件提供了便利。

(3)合同履行的监督检查。因为合同在动态环境中履行,影响合同正常履行的干扰因素有很多,所以为了更好地了解合同履行情况,提高合同的履约率,监理工程师必须加强合同履行期间的监督与检查。合同监督需要经常检查合同双方往来的文件、信函、记录、建设单位指示等,以确认它们是否符合合同的要求和对合同的影响,以便采取相应的对策。监理工程师可以对根据合同监督、检查所获得的信息进行统计分析,以便及时发现履约不到位、违约、纠纷、变更等问题,为目标控制和信息管理服务。

(4)索赔。索赔是合同管理的重要工作,又是关系合同双方切身利益的问题。监理工程师根据自身的经验,依据法律、法规和合同条款,协助建设单位制订并采取预防索赔事件发生的措施,以便最大限度地减少无理索赔的数量并降低索赔带来的影响。对于在合同履行期间发生的索赔事件,监理工程师应做出正确的分析和评估,以公正的态度处理索赔。

2. 信息管理

信息管理是指在实施监理的过程中,对所需的信息进行收集、整理、处理、存储、传递、应用等一系列工作的总称。在工程建设过程中,监理工程师开展监理活动的中心任务是目标控制,而进行目标控制的基础是信息。只有大量的、来自各领域的、准确的、及时的信息,才能使监理工程师充满信心地做出科学的决策,高效地完成监理工作。

项目监理组织的各部门为完成各项监理任务所需要的信息种类,完全取决于这些部门实际工作的需要。不同的项目,由于情况不同,所需要的信息有所不同。当采用不同承发包模式或不同的合同方式时,所需要的信息种类也不同,例如:对于总价合同,进度款和变更通知是主要的;对于成本加酬金合同,需要现场投入的人工、设备、材料、管理费和变更通知等多方面的信息是重要的;而对于单价合同,工程量完成情况的信息更为重要。

信息管理的要求主要有及时性、准确性、全面性。信息的及时性需要有关人员对信息管理持积极主动的态度,保证信息的时效性;信息的准确性要求信息管理人员认真负责,做到内容准确、表述准确;信息的全面性要求信息的收集要完整,贯穿于工程项目建设的各个阶段及全部过程,以防决策失误。

(三) 一协调

"一协调"是指协调参与某项工程建设的各方的工作关系。这项工作一般是通过定期和不定期召开会议的形式来完成的,或者通过分别沟通的方式,达到统一意见的目的。

三、公路建设监理工作程序

为加强对公路工程项目的监理工作,监理工作须有序进行,监理程序要逐步规范化和标准化,以保证工程监理的工作质量,提高监理工作水平。公路建设监理工作应遵循的程序为:编制监理计划、检查验收、"五监控、两管理、一协调"、签署建设监理意见、提交工程建设监理档案资料,工作程序详见图 5-2-2。

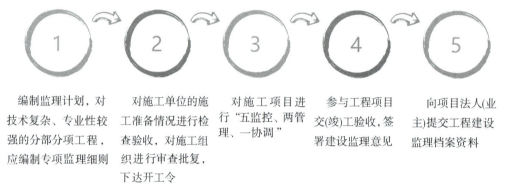

图 5-2-2　公路建设监理工作程序图

任务实施

回答"任务描述"问题:建设单位、总监理工程师在处理事件时是否有不妥之处?

1. 分析本案例所涉及的法律法规

本案例涉及的法律法规主要是《建设工程安全生产管理条例》。

2. 选择合适的法律法规条款

根据《建设工程安全生产管理条例》第十四条规定可知:

工程监理单位在实施监理过程中,发现存在安全事故隐患的,应当要求施工单位整改;情况严重的,应当要求施工单位暂时停止施工,并及时报告建设单位。施工单位拒不整改或者不停止施工的,工程监理单位应当及时向有关主管部门报告。

3. 本案例结论

该项目中建设单位、总监理工程师工作中的不妥之处有两点：

(1)建设单位要求总监理工程师收回吊装作业暂停令不妥，应支持其决定；

(2)总监理工程师未报告政府主管部门不妥，应及时报告政府主管部门。

工程案例

案例描述

某二级公路全长50km，包括一座大桥、两座隧道，造价2.5亿。

由A交通运输局通过公开招标选取了B路桥工程公司实施项目的施工。

A交通运输局技术力量强，有进行项目管理的实力，为了节约项目投资，该局未请监理企业参与管理，而是从本局职工中抽调各专业人才组建了项目监督管理办公室，该办公室行使监理及业主权利对该项目进行监督管理。

案例问题

在本案例中是否有违法行为发生？为什么？

案例分析

步骤	找问题	分析
第一步	分析该案例涉及的法律问题	从事件描述来看，该案例是关于项目是否请监理单位进行工程监理的问题
第二步	分析项目的性质	项目为二级公路且造价达2.5亿。因此，该项目属于"项目总投资额在3000万元以上关系社会公共利益、公众安全的基础设施项目"
第三步	找出强制监理相关规定	根据《建设工程监理范围和规模标准规定》对"《建设工程质量管理条例》第十二条规定第5款"的详细解释:国家规定必须实行监理的其他工程是指： ①项目总投资额在3000万元以上关系社会公共利益、公众安全的基础设施项目； ②学校、影剧院、体育场馆项目

案例结论

该项目属于国家规定必须实行监理的其他工程中第2类型（铁路、公路、管道、水运、民航以及其他交通运输业等项目），故该项目必须通过公开招标，委托给一家具备相应资质条件的监理企业进行项目建设施工的监督管理，而A交通运输局未请监理单位而自行进行相关管理工作属于违法行为。

技能训练

根据学习内容,熟悉公路建设监理内容、程序,完成本任务工单 5-2-1。

熟悉公路建设监理内容、程序　　　　任务工单 5-2-1

某二级公路工程在实施监理过程中,监理工程师在履行工程监理合同时发现为确保基坑(3m)开挖工程的施工安全,施工项目经理亲自兼任施工现场的安全生产管理员。为赶工期,施工单位在报审深基坑开挖工程专项施工方案的同时即开始该基坑开挖。而且专业监理工程师发现,施工单位使用的起重机械没有现场安装后的验收合格证明,随即向施工单位发出监理通知单。

1. 根据背景叙述情况,施工单位的做法是否正确?为什么?并写出正确做法。(50 分)

2. 根据背景叙述情况,《监理通知单》应对施工单位提出哪些要求?(50 分)

| 任务评价 | 总分:100 分 | 得分: |

任务 3　公路建设监理单位的权利、义务与责任认知

思维导图

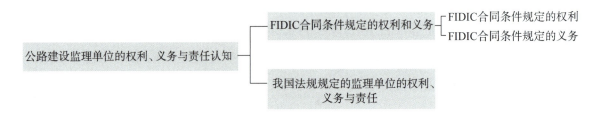

任务描述

某二级公路的隧道工程由 A 路桥公司承担施工任务，B 监理公司承担监理业务。在工程施工期间，B 监理公司的隧道专监王某在现场发现如下问题：

(1) 孔洞开挖无通风设施设备，施工作业段扬尘大，能见度非常低；

(2) 在孔洞内有不明气体的气味；

(3) 衬砌钢筋直径小于设计直径且钢筋间距大于设计间距。

王某判断有很大的安全隐患及质量隐患，于是立马下达口头停工令同时向总监理工程师汇报，B 监理公司驻地办立刻按总监理工程师要求下达书面停工通知并于次日将情况向建设单位汇报。

A 路桥公司以 B 监理公司未通知建设单位为由未停工整改。

问题：在该事件中，A 路桥公司的说法是否正确？为什么？

任务分析

1. 找出该案例所涉及的法律问题；
2. 在适用的法律法规中找出与该案例相关的规定；
3. 在相关规定中选出适用该案例的具体条款并用其对所提问题进行解答。

理论知识

一、FIDIC 合同条件规定的权利和义务

（一）FIDIC 合同条件规定的权利

在采用 FIDIC 合同条件时，监理单位除享有其与建设单位所签委托监理合同中所享有的权利外，还享有建设单位与施工单位之间按 FIDIC 合同条件所签协议中赋予监理工程师的权利。而 FIDIC 合同条件有一个突出的特点，就是在合同条件中赋予了监理工程师在工程管理方面的充分权利，同时还明确监理工程师可以行使合同中规定的或者合同中隐含的权利。按照 FIDIC 合同条件的规定，不仅施工单位要严格遵守与执行监理工程师的指令，而且监理工程师的决定对建设单位也有约束力。

监理工程师的权利主要如下：

1. 质量管理方面

(1)对现场材料及设备有检查和控制的权利。对于工程需要的各种材料和设备,运到现场后监理工程师有随时检查的权利,同时对于材料及设备的制造过程也有权进行检查。经过检查后不合格的材料及设备,监理工程师不仅有权拒收,同时还有权指令施工单位将这些材料、设备运出现场。对于合格的材料和设备,监理工程师有权监督施工单位的存放条件,并且没有监理工程师的批准,施工单位不得将其运出现场。

(2)对施工单位施工的监督权利。监理工程师有权对施工单位的施工过程进行监督,一旦发现施工单位的施工有不符合规范之处,监理工程师有权指令施工单位进行改正或停工。

(3)对已完成的工程有确认或拒收的权利。任何已完成的工程,监理工程师要根据合同标准进行验收,对于达到标准的已完工程,监理工程师予以确认;对于未达到标准的已完工程,监理工程师有权拒收。被监理工程师拒收的工程,施工单位应按照监理工程师的指示进行修补或返工,直到监理工程师认为已达标准为止。

(4)对工程采取紧急补救的权利。无论在工程施工期间,还是在缺陷责任期内,如果在工程中或在其任何部分发生与之有关的任何事故、故障或其他事件,如果监理工程师认为进行相应补救或其他工作是工程安全的紧急需要,则监理工程师有权采取紧急措施。如施工单位无能力或不愿立即进行这类工作时,则建设单位有权在监理工程师认为必要时,雇用他人从事该项工作。如果监理工程师认为根据合同,施工单位应自费完成此项工作,则此项费用应由施工单位支付。

(5)有要求解雇或撤换施工单位雇员的权利。对于施工单位的任何人员,包括施工单位的代表,如果监理工程师认为其在履行职责中不能胜任或出现玩忽职守的行为,则监理工程师有权要求施工单位予以解雇或撤换。

(6)批准分包商的权利。如果施工单位要把工程的一部分分包出去,他必须向监理工程师提出申请报告,未经监理工程师批准的分包商不能进入工地进行施工。

2. 进度管理方面

(1)审批施工单位的进度计划。施工单位的施工进度计划必须经过监理工程师的批准。监理工程师除了有审批施工单位进度计划的权利之外,当监理工程师认为工程的实际进度与由他批准的计划进度不符时,有权要求施工单位修订进度计划。

(2)发布停工、复工令的权利。当由于建设单位的原因,或者由于恶劣的气候,或者由于施工单位自身的过失导致需要停工时,监理工程师有权发布停工令。没有监理工程师的停工令,无论什么原因,施工单位都不能随便停工。当监理工程师认为施工条件已达到合同要求时,可以发出复工令。对于已被停工的工程,没有监理工程师的复工令,施工单位不得自行复工。

(3)控制施工进度的权利。在施工单位没有任何理由要求延长工期的情况下,如果监理工程师认为工程或其任何区段在任何时候的施工进度不符合竣工期限(包括已批准的延期时间)的要求,则有权要求施工单位采取必要的步骤以加快工程进度,且施工单位无权要求建设单位为采取这些步骤支付附加费用。

3. 费用管理方面

(1)有确定变更价格的权利。对任何因为工作性质、工程数量、施工时间的变更而发出的变更指令,监理工程师有权根据合同条件和实际情况确定工程变更中的费率或价格。

(2)批准使用暂定金额和计日工的权利。监理工程师认为必要时,可以发出指示,规定在计日工的基础上实施任何变更工作,暂定金额也须按监理工程师的指示才能全部或部分地使用。未经监理工程师的同意,施工单位不得进行暂定金额项目的工作和使用计日工。

(3)批准施工单位的付款。对施工单位完成的项目和合同中规定的其他款项,如动用预付款、工程款支付、费用索赔款、迟付款利息等,均须由监理工程师签发证书,建设单位据此向施工单位付款。

4. 合同管理方面

(1)颁发移交证书与缺陷责任证书。当工程全部或部分区段竣工检验后,由监理工程师颁发移交证书。当全部工程缺陷维护期满,施工单位也已按照合同条件修补了缺陷工程和完成了合同中规定的全部义务时,则由监理工程师颁发缺陷责任证书。

(2)批准工程延期和费用索赔。如果非施工单位原因导致工期的延长和由于不属于施工单位应当承担的风险和责任而造成施工单位费用的增加,监理工程师可批准工程延期和由此而增加的实际费用。

(3)发布工程变更令。合同中任何部分或项目的变更,包括其性质、数量、时间的变更,必须经监理工程师批准,由监理工程师发出变更指令。没有监理工程师发出的变更指令,施工单位不能对合同中任何部分进行任何修改。

(4)解释合同中有关文件。构成合同的文件应被认为是互动说明的,当文件中出现歧义和含糊时,则由监理工程师对此作出解释或校正,并向施工单位发布有关解释或校正的指示。

(二)FIDIC合同条件规定的义务

根据FIDIC合同条款,监理工程师在工程监理中应承担的义务如下:

(1)认真执行合同文件,遵守法律规定的义务。监理工程师认真执行合同文件是其根本职责,根据FIDIC合同条件的规定,监理工程师的决定对建设单位和施工单位双方均有约束力。但是监理工程师的任何指示、决定都必须符合法律(包括合同条件)的要求。监理工程师的任何决定,既受法律的保护,又受法律的约束。

(2)监理工程师是工程项目管理的核心,他具有随时协调施工有关事宜的职责,包括合同方面的管理、工程质量及技术问题的处理、工程款项的管理等。

①对于建设单位,监理工程师应当经常及时地把工程情况以及监理工程师的一些决定进行通报,重大问题在决策前应当征得建设单位的同意,争取建设单位的支持。

②对于施工单位,监理工程师应当予以充分的尊重,不得干预应由施工单位处理的事项。

③无论是对待建设单位或施工单位,监理工程师都应秉公办事,行为公正,要公开自己作出决定、指令的原因。

(3)回避义务。监理工程师应当保持廉洁,不得接受建设单位所支付酬金以外的报酬以及任何回报、提成津贴或其他间接报酬,更不得与施工单位有任何经济往来,包括接受施工单位的礼物、经营或参与经营施工、设备及材料采购等活动,也不得在施工单位或设备材料供应单位任职或兼职。

二、我国法规规定的监理单位的权利、义务与责任

根据我国《中华人民共和国建筑法》《建设工程质量管理条例》《公路建设监督管理办法》《建设工程委托监理合同》等规定,监理单位的权利、义务与责任如下:

1. 权利

(1)在建设单位委托的工程范围内监理单位应享有如下权利:

①选择工程总施工单位、总设计单位和施工总承包单位的建议权;

②选择工程分包人的认可权;

③对工程建设有关事项包括工程规模、设计标准、规划设计、生产工艺设计和使用功能要求,向建设单位的建议权;

④对工程设计中的技术问题,按照安全和优化的原则,向设计单位提出建议;如果拟提出的建议可能会提高工程造价,或延长工期,应当事先征得建设单位的同意。当发现工

程设计不符合工程质量标准时,监理单位应当书面报告建设单位并要求设计单位更正;

⑤审批工程施工组织设计和技术方案,按照保质量、保工期和降低成本的原则,向施工单位提出建议,并向建设单位提出书面报告;

⑥主持工程建设有关协作单位的组织协调,重要协调事项应当事先向建设单位报告;

⑦征得建设单位同意,监理单位有权发布开工令、停工令、复工令,但应当事先向建设单位报告。如在紧急情况下未能事先报告,应在24小时内向建设单位作出书面报告;

⑧工程上使用的材料和施工质量的检验权。对于不符合设计要求和合同约定及国家质量标准的材料、构配件、设备,有权通知施工单位停止使用;对于不符合规范和质量标准的工序、分部分项工程和不安全施工作业,有权通知施工单位停工整改、返工。对停工整改的工程,施工单位得到监理机构复工令后才能复工;

⑨工程施工进度的检查、监督权,以及工程实际竣工日期提前或超过工程施工合同规定的竣工期限的签认权;

⑩在工程施工合同约定的工程价格范围内,工程款支付的审核和签认权,以及工程结算的复核确认权与否决权。未经总监理工程师签字确认,建设单位不支付工程款。

⑪获得奖励的权利。监理单位在服务过程中提出的合理化建议,使建设单位获得经济效益的,双方在专用条件中约定奖励金额的确定方法。奖励金额在合理化建议被采纳后,与最近一期的正常工作酬金同期支付。

(2)监理单位在建设单位授权下,可对任何施工单位合同规定的义务提出变更。如果因此严重影响了工程费用或质量或进度,则这种变更须经建设单位事先批准。在紧急情况下未能事先报建设单位批准时,监理单位所做的变更也应尽快通知建设单位。

(3)在监理过程中如发现工程施工单位人员工作不力,监理机构可要求施工单位调换有关人员。

(4)在委托工程范围内的调解与作证权。在委托的工程范围内,建设单位或施工单位对对方的任何意见和要求(包括索赔要求),均必须首先向监理单位提出,由监理单位研究处置意见,再与双方协商确定。当建设单位和施工单位发生争议时,监理机构应根据自己的职能,以独立的身份判断,公正地进行调解。当双方的争议由政府建设行政主管部门调解或仲裁机关仲裁时,应当提供作证的事实材料。

2.义务

(1)遵守法律。监理单位在履行合同过程中应遵守法律,并保证建设单位免于承担因监理单位违反法律而引起的任何责任。

(2)依法纳税。监理单位应按有关法律规定纳税,应缴纳的税金(含增值税)包括在合同价格之中。

（3）完成全部监理工作。监理单位应按合同约定以及建设单位要求,完成合同约定的全部工作,并对工作中的任何缺陷进行整改,使其满足合同约定的目的。

（4）其他义务。

①监理单位按合同约定派出监理工作需要的监理机构及监理人员,向建设单位报送委派的总监理工程师及其监理机构主要成员名单、监理规划,完成监理合同专用条件中约定的监理工程范围内的监理业务。在履行合同义务期间,应按合同约定定期向建设单位报告监理工作,且应按专用条件约定的种类、时间和份数向建设单位提交监理与相关服务的报告。在合同履行期内,监理单位应在现场保留工作所用的图纸、报告及记录监理工作的相关文件。工程竣工后,应当按照档案管理规定将监理有关文件归档并移交给建设单位。

②监理单位在履行合同义务期间,应认真、勤奋地工作,为建设单位提供与其水平相适应的咨询意见,公正维护各方面的合法权益。

③监理单位所使用的建设单位提供的设施和物品属于建设单位的财产。在监理工作完成或中止时,应将其设施和剩余的物品按合同约定的时间和方式移交给建设单位。

④在合同期内或合同终止后,未征得有关方同意,不得泄露与本工程、本合同业务有关的保密资料。

⑤监理单位及其工作人员必须诚实守信,不得从事与实施工程有关的第三方处获得任何经济利益的工作。

⑥监理单位应及时更换有下列情形之一的监理人员:严重过失行为的、有违法行为不能履行职责的、涉嫌犯罪的、不能胜任岗位职责的、严重违反职业道德的、专用条件约定的其他情形。

3. 责任

（1）监理单位应遵循职业道德准则和行为规范,严格按照法律法规、工程建设有关标准及合同履行职责。

（2）监理单位的责任期即委托监理合同有效期。在监理过程中,如果因工程建设进度的推迟或延误而超过书面约定的日期,双方应进一步约定相应延长的合同期限。

（3）监理单位在责任期内,应当履行约定的义务,如果因监理单位过失而造成了建设单位的经济损失,应当向建设单位赔偿,累计赔偿总额不应超过监理报酬总额(除去税金)。

（4）监理单位对施工质量负监理责任。监理单位应按规定程序和标准进行工程质量检查、检测和验收,若发现质量问题及安全隐患,应及时督促整改,但不得降低工程质量标准。监理单位对施工单位违反合同规定的质量要求和完工时限,不承担责任。因不可抗力导致监理合同不能全部或部分履行,监理单位不承担责任。

(5)监理单位向建设单位提出赔偿要求不能成立时,监理单位应当补偿由于该索赔所导致建设单位的各种费用支出。

(6)监理单位若未能遵守廉政协议,则应承担相应的法律责任。

(7)监理单位应当建立健全工程质量保证体系,制定质量管理制度,强化工程质量管理措施,完善工程质量目标保障机制。公路工程实行质量责任终身制,监理单位应当书面明确相应的总监理工程师和质量负责人。监理单位的相关人员按照国家法律法规和有关规定在工程合理使用年限内承担相应的质量责任。因非监理单位的原因,且监理单位无过错,发生工程质量事故、安全事故、工期延误等造成的损失,监理单位不承担赔偿责任。

(8)办理人员和设备保险的责任。监理单位应在监理服务期内,自费办理派驻到工程所在地人员的人身和自备财产的有关保险,保险时间应随服务时间的延长而顺延,并在出险后自行办理理赔;如果监理单位不办理上述保险,则应对有关风险及后果自负其责。

任务实施

回答"任务描述"问题:A路桥公司的说法是否正确?

1.分析本案例所涉及的法律问题

本案例涉及的法律问题是监理单位是否有权下达停工通知的问题,所涉及的法律法规是《中华人民共和国建筑法》《中华人民共和国合同法》《建设工程质量管理条例》。

2.选择合适的法律法规条款

监理单位在建设单位委托的工程范围内应享有如下权利:

(1)选择工程总施工单位、总设计单位和施工总承包单位的建议权;

(2)选择工程分包人的认可权;

(3)对工程建设有关事项包括工程规模、设计标准、规划设计、生产工艺设计和使用功能要求,向建设单位的建议权;

(4)对工程设计中的技术问题,按照安全和优化的原则,向设计单位提出建议;如果拟提出的建议可能会提高工程造价,或延长工期,应当事先征得建设单位的同意。当发现工程设计不符合工程质量标准时,监理单位应当书面报告建设单位并要求设计单位更正;

(5)审批工程施工组织设计和技术方案,按照保质量、保工期和降低成本的原则,向施工单位提出建议,并向建设单位提出书面报告;

(6)主持工程建设有关协作单位的组织协调,重要协调事项应当事先向建设单位报告;

（7）征得建设单位同意，监理单位有权发布开工令、停工令、复工令，但应当事先向建设单位报告。如在紧急情况下未能事先报告时，则应在24小时内向建设单位作出书面报告；

（8）工程上使用的材料和施工质量的检验权。对于不符合设计要求和合同约定及国家质量标准的材料、构配件、设备，有权通知施工单位停止使用；对于不符合规范和质量标准的工序、分部分项工程和不安全施工作业，有权通知施工单位停工整改、返工，对停工整改工程施工单位得到监理机构复工令后才能复工；

（9）工程施工进度的检查、监督权，以及工程实际竣工日期提前或超过工程施工合同规定的竣工期限的签认权；

（10）在工程施工合同约定的工程价格范围内，工程款支付的审核和签认权，以及工程结算的复核确认权与否决权。未经总监理工程师签字确认，建设单位不支付工程款。

（11）获得奖励的权利。监理单位在服务过程中提出的合理化建议，使建设单位获得经济效益的，双方在专用条件中约定奖励金额的确定方法。奖励金额在合理化建议被采纳后，与最近一期的正常工作酬金同期支付。

3.本案例结论

本案例因现场扬尘大、能见度低、有不明气体气味，这些存在着非常大的施工安全隐患，因能见度低极容易发生洞内人员伤亡事故；因有不明气体气味有瓦斯爆炸事故安全隐患；钢筋规格及间距不满足设计要求，有质量事故隐患。因此，属于紧急情况。

依据监理单位享有的权利第7、8条规定，监理工程师的做法完全正确，施工单位必须执行，所以施工单位的说法及做法均不正确。

工程案例

案例描述

某平原区一级公路建设项目，包括路基和路面工程（50km）、大中型桥梁（3座），建设单位把路基路面工程和桥梁工程分别发包给了两家施工单位，并签订了施工承包合同。建设单位委托某监理咨询公司负责该项目的施工监理工作，并签订了监理委托合同。监理合同中部分内容如下：

（1）监理单位有发布开工令、停工令、复工令的权力。

（2）监理单位为本工程项目的最高管理者。

（3）监理单位应维护建设单位的权益。

（4）监理单位主要进行质量控制，而进度与投资控制的任务主要由建设单位执行。

（5）由于监理单位的努力使合同工期提前的，监理单位与建设单位分享利益。

案例问题

本案例所签订的以上合同条款有无不妥之处？如有不妥,请写出正确的做法。

案例分析

步骤	找问题	分析
第一步	分析所涉及的法律问题	从事件描述来看,该案例是关于监理合同条款是否合适的问题。关于监理单位在建设单位委托的工程范围内应享有的权利的法律法规包括《中华人民共和国建筑法》《中华人民共和国合同法》《建设工程质量管理条例》等
第二步	分析合同内容所涉及的法律问题	从上述5条合同条款可看出,是关于监理单位的权利、义务与责任问题,《中华人民共和国建筑法》第三十一条规定:"实行监理的建筑工程,由建设单位委托具有相应资质条件的工程监理单位监理。建设单位与其委托的工程监理单位应当订立书面委托监理合同。"这一法规明确了建设单位与监理单位之间的法律关系,并强调了他们之间需要签订书面合同以明确各自的权利和义务
第三步	找出各合同条款所涉及问题的相关规定	第1条:征得建设单位同意,监理单位有权发布开工令、停工令、复工令,但应当事先向建设单位报告。如在紧急情况下未能事先报告时,则应在24小时内向建设单位作出书面报告。 第2条:公路建设监理是指具有相应资质的工程监理企业接受建设单位的委托,依据国家批准的工程项目文件,有关工程建设的法律、法规和工程监理合同及其他工程建设合同对工程建设实施的监督管理。 第3条:监理单位在处理建设单位与施工单位之间的矛盾和纠纷时,应该做到公平,应该"一碗水端平",不能因为监理单位接受建设单位的委托就偏袒建设单位。 第4条:监理服务是指监理单位接受建设单位的委托,依照法律、规范标准和监理合同等,对公路工程施工准备、施工、验收与缺陷责任期等阶段进行质量控制、进度控制、投资控制、合同管理、信息管理、组织协调和安全监理、环保监理的服务活动。 第5条:监理单位在服务过程中提出的合理化建议,使建设单位获得经济效益的,双方在专用条件中约定奖励金额的确定方法。奖励金额在合理化建议被采纳后,与最近一期的正常工作酬金同期支付

案例结论

(1)第一条不完全正确。因为有一定的限定条件。正确的表述是:征得建设单位同意,监理单位有权发布开工令、停工令、复工令,但应当事先向建设单位报告。如在紧急情况下未能事先报告时,则应在24小时内向建设单位作出书面报告。

(2)第2条不妥。监理受建设单位委托行驶监督管理权。正确的是:公路建设监理在建设单位的委托下依据国家批准的工程项目文件,有关工程建设的法律、法规和工程监理合同及其他工程建设合同对工程建设实施的监督管理,所以不是最高管理者。

(3)第3条不妥。正确的是:监理单位在进行监理时必须坚持公平公正的原则,其出发点是为项目服务,所以不能只维护建设单位的权利,必须站在公正客观的立场上维护建设单位与承包人的权利。

（4）第4条不妥。正确的是：监理单位应按照合同约定的职责和权限，对施工质量、安全、环保、费用和进度等实施全面监理，对合同及信息进行管理，协调各参建单位的关系。

（5）第5条不妥。正确的是：监理单位在服务过程中提出的合理化建议，使建设单位获得经济效益的，双方在专用条件中约定奖励金额的确定方法。奖励金额在合理化建议被采纳后，与最近一期的正常工作酬金同期支付。

技能训练

根据学习内容，熟悉监理单位权利、义务与责任，完成本任务工单5-3-1。

熟悉工程监理单位权利、义务与责任   任务工单5-3-1

某公路工程的建设单位采用公开招标方式选择工程监理单位，在监理合同订立过程中，建设单位提出应由监理单位负责下列四项工作：
(1) 主持设计交底会议；
(2) 签发《工程开工令》；
(3) 签发《工程款支付证书》；
(4) 组织工程竣工验收。

而在施工过程中，监理员巡视时发现，部分设备安装存在质量问题，即签发了《监理通知单》，要求施工单位整改。整改完毕后，施工单位回复了《整改工程报验单》，要求项目监理机构对整改结果进行复查。

1. 依据《建设工程监理合同（示范文本）》，建设单位提出的四项工作分别由谁负责？（50分）

2. 根据背景叙述情况，监理员和施工单位的做法有什么不妥？并写出正确的做法。（50分）

任务评价   总分：100分   得分：_____

知识巩固

序号	任务描述	任务开展
1	某工程监理单位具有丙级企业资质条件，通过某建设单位，运用了不正当手段承担相应专业工程类别二级公路工程项目的工程监理业务	请问该企业能否承担该项目的监理业务，为什么？（15分）
2	A公路监理单位在参与工程建设中，一直秉持公正、守法、科学、诚信的基本准则参与工程建设活动	请问A企业的做法是否正确？（15分）
3	某高速公路路面工程，在实施施工监理中发现施工单位进场后，向总监办报送了路面施工组织设计，总监理工程师进行了审查，审查内容主要有：①施工组织设计的编审程序；②质量、安全、环保、进度和费用等目标；③施工总平面布置、交通导改方案、事故应急救援预案	根据《公路工程施工监理规范》（JTG G10—2016），请问该事件中总监理工程师对施工组织设计审查主要内容是否正确？是否还有缺项？（15分）
4	某一级公路路面工程施工监理工作中，监理工程师对沥青路面施工加强巡视，巡视了施工单位施工废渣、沥青混凝土残渣、废料、多余沥青、冲洗机械设备的油污水和施工现场的生活垃圾等处理情况	根据《公路工程施工监理规范》（JTG G10—2016），请问该事件中监理工程师巡视的主要内容有哪些？（20分）
5	某建设单位采用公开招标选择监理单位承担施工监理任务，在编制监理招标文件时，建设单位提出投标人除应具备规定的工程监理资质条件外，还必须满足下列条件：①具有工程招标代理资质；②不得组成联合体投标；③已在工程所在地行政辖区内进行工商注册登记；④属于混合股份制企业	请问该案件中建设单位针对投标人提出的条件是否妥当？为什么？（15分）
6	某建设单位采用公开招标选择监理单位承担施工监理任务，中标监理单位与建设单位按照《建设工程监理合同（示范文本）》签订了监理合同，合同履行过程中，合同双方就以下四项工作是否可以作为附加工作进行了协商：①工程建设过程中外部关系协调；②施工起重机械安全性检测；③施工合同争议处理；④竣工结算审查	请问该案件中四项工作是否可以作为附加工作？为什么？（20分）
任务评价	总分：100分	得分：_____

目 标 测 评

	1. 知识测评		
序号	评分标准	配分	得分
1	清楚公路建设监理概念以及监理与工程建设各方的关系	15	
2	掌握公路监理中的法律法规	25	
3	熟知监理单位的权利、义务与责任	20	
4	本模块（P149）的"知识巩固"得分	40	换算得分_____
	总分	100	
	2. 技能测评		
序号	技能点	任务工单	配分	得分
1	熟悉公路工程监理委托、合同	任务工单 5-1-1	30	
2	熟悉公路建设监理内容、程序	任务工单 5-2-1	40	
3	熟悉工程监理单位权利、义务与责任	任务工单 5-3-1	30	
	总分		100	

注：换算得分的算法。

例如，任务工单 1 得分为 80 分，配分为 10 分，则换算得分即为：80 × 10% = 8 分。

总体目标测评_____

参考文献

[1] 中华人民共和国公路法[DB/OL].国家法律法规数据库.(https://flk.npc.gov.cn/detail2.html?MmM5MDlmZGQ2NzhiZjE3OTAxNjc4YmY4OGFhMTBhZWI%3D.

[2] 交通运输部.公路建设市场管理办法[EB/OL].(2015-6-26).https://xxgk.mot.gov.cn/2020/jigou/fgs/202006/t20200623_3307710.html.

[3] 交通运输部.公路水运工程质量监督管理规定[EB/OL].(2017-9-4).https://xxgk.mot.gov.cn/2020/jigou/fgs/202006/t20200623_3307899.html.

[4] 住房和城乡建设部.建筑业企业资质标准[EB/OL].(2016-10-14).https://www.mohurd.gov.cn/gongkai/zhengce/zhengcefilelib/201610/20161019_229198.html.

[5] 住房和城乡建设部.注册结构工程师执业资格制度暂行规定[EB/OL].(1997-09-01).https://www.mohurd.gov.cn/gongkai/zhengce/zhengcefilelib/200107/20010706_153278.html.

[6] 住房和城乡建设部.注册建造师管理规定[EB/OL].(2006-12-28).https://www.mohurd.gov.cn/gongkai/zhengce/zhengceguizhang/200701/20070122_763849.html.

[7] 中华人民共和国民法典[DB/OL].国家法律法规数据库.https://flk.npc.gov.cn/detail2.html?ZmY4MDgwODE3MjlkMWVmZTAxNzI5ZDUwYjVjNTAwYmY%3D.

[8] 中华人民共和国行政处罚法[DB/OL].国家法律法规数据库.https://flk.npc.gov.cn/detail2.html?ZmY4MDgwODE3NzAzYWRkMjAxNzczNzNkZjZhNDNlMzM%3D.

[9] 中华人民共和国刑法[DB/OL].国家法律法规数据库.https://flk.npc.gov.cn/detail2.html?ZmY4MDgxODE3OTZhNjM2YTAxNzk4MjJhMTk2NDBjOTI%3D.

[10] 交通运输部.公路建设监督管理办法[EB/OL].(2021-8-11).https://xxgk.mot.gov.cn/2020/jigou/fgs/202108/t20210825_3616558.html.

[11] 中华人民共和国招标投标法[DB/OL].国家法律法规数据库.https://flk.npc.gov.cn/detail2.html?MmM5MDlmZGQ2NzhiZjE3OTAxNjc4YmY4OGYxNzBiMzE%3D.

[12] 交通运输部.公路工程建设项目招标投标管理办法[EB/OL].(2015-12-8).https://xxgk.mot.gov.cn/2020/jigou/fgs/202006/t20200623_3307732.html.

[13] 交通运输部.经营性公路建设项目投资人招标投标管理规定[EB/OL].(2015-6-

24). https://xxgk.mot.gov.cn/2020/jigou/fgs/202006/t20200623_3307706.html.

[14] 交通运输部.公路工程标准勘察设计招标文件[EB/OL].(2018-2-14). https://xxgk.mot.gov.cn/2020/jigou/glj/202006/t20200623_3312730.html.

[15] 公路工程标准文件(2018年版)[EB/OL].(2018-2-14). https://xxgk.mot.gov.cn/2020/jigou/glj/202006/t20200623_3312729.html.

[16] 黎奎,魏亮.公路工程建设法律法规[M].徐州:中国矿业大学出版社,2017.

[17] 田文.公路建设法规概论[M].北京:人民交通出版社,2004.

[18] 陈会玲,郭海虹.建设工程法规[M].3版.北京:北京理工大学出版社,2022.

[19] 王庆刚,吴金华,林荣发.建设法规[M].北京:中国地质大学出版社,2015.

[20] 刘晓燕.测绘法规概论[M].北京:机械工业出版社,2016.

[21] 王军,董世成.建设工程监理概论[M].3版.北京:机械工业出版社,2020.